福祉の現場における
「共生」に向けた
コミュニティの生成

青木美和子 著

多賀出版

目　次

序　章 ………………………………………………………………………… 3

　概要　3

　本研究の構成　3

　文献　6

第1章　福祉の現場でのフィールドワーク ……………………………… 7

　第1節　福祉現場がおかれた状況　7

　第2節　高次脳機能障害者がおかれている状況　9

　　1．高次脳機能障害者がおかれている状況　9

　　2．高次脳機能障害が「障害」とされるまで　10

　　3．高次脳機能障害とは　12

　　4．北海道での高次脳機能障害支援モデル事業とその後の取り組み　14

　第3節　フィールドワーク　15

　　1．エスノグラフィーの作成のプロセス　15

　　2．フィールドへのアクセス　17

　文献　21

第2章　実践をいかに共有するのか ……………………………………… 23
──福祉のコミュニティに参加する意味をめぐって──

　第1節　問題と目的　23

　第2節　方法　24

　第3節　結果と考察　25

iv

    1．A作業所について　25

    2．新しいメンバーの参加の軌跡と作業所の活動　33

  第4節　本章のまとめ——メンバーが作業所に参加する意味——　42

  文献　47

第3章　福祉のコミュニティ・「Re〜らぶ」の実践とその内容 …………49

  第1節　「Re〜らぶ」の概要　49

    1．「Re〜らぶ」とは　49

    2．「Re〜らぶ」の歴史　50

  第2節　就労継続支援B型事業所「Re〜らぶ」の事業内容　53

    1．日常生活支援　53

    2．授産活動支援　54

    3．一日の活動の流れ　55

  文献　56

第4章　障害を持って人と共に＜いま＞を生きる …………………………57

  第1節　問題と目的　57

    1．高次脳機能障害をめぐる状況　57

    2．なぜ高次脳機能障害者の生活の場をフィールドとするのか　58

    3．「経験」として障害を捉える　59

    4．高次脳機能障害者の「記憶障害」　60

    5．研究の目的　63

  第2節　方法　63

    1．フィールドの概要とインフォーマント　63

    2．筆者とインフォーマントとの関わり　65

    3．調査の手続き　65

  第3節　結果と考察　66

    1．生活の場で「見える」記憶障害　66

    2．「Re〜らぶ」でスタッフとメンバーが行なっていること　76

第4節　本章のまとめ　84

　　1．メンバーの記憶障害はどのように経験されていくのか　84

　　2．記憶障害を持って人と共に生きること　85

　文献　88

第5章　居場所から働く場所へ……91

　第1節　問題と目的　91

　　1．実践のコミュニティの変化を捉える視点　91

　　2．本章の目的　94

　第2節　方法　95

　第3節　結果と考察　96

　　1．「居場所」として作られた「Re〜らぶ」でのスタッフの支援とメンバーの参加　96

　　2．「居場所」としての「Re〜らぶ」が抱えた問題　103

　　3．実践へのアクセスの組織化──「石けんづくり」の活動を中心に──　108

　第4節　本章のまとめ　126

　文献　127

第6章　共に働く場所へ──「自分たちの作業所」という意味の生成──……129

　第1節　問題と目的　129

　第2節　方法　131

　第3節　結果と考察　131

　　1．「話し合うシステム」の導入　133

　　2．「石けんづくり」の新たな取り組み　139

　　3．作業所の運営への関与　146

　　4．作業への新たな取り組み　149

　第4節　本章のまとめ　154

　　1．「自分たちの作業所」という意味の形成　154

　　2．コミュニティのデザイン──実践を組織化する──　156

　文献　156

vi

終　章 ……………………………………………………………………… 159

　　1．福祉のコミュニティ・「Re〜らぶ」の生成のプロセス　159

　　2．「Re〜らぶ」の実践が意味するもの　165

　　文献　170

あとがき　173

福祉の現場における「共生」に向けたコミュニティの生成

序　章

概要

　2001年にはじまった本研究のフィールドである「Re〜らぶ」の出発と展開は、地域に住む障害者の現状と近年における我が国の社会福祉全体の流れを反映している。社会福祉の制度的枠組みを抜本的に再編しようとする動きは、2000年に実施された個人が住み慣れた地域において、人としての尊厳を持ってその人らしい自立した生活ができるように支えることを目的とした「社会福祉基礎構造改革」からはじまり、この改革は2003年の「支援費制度」の施行、さらには2006年の「障害者自立支援法」の施行へとつながっていく。この一連の改革によりサービス給付制度の大きな変化やNPO法人などによる「事業」としての福祉を重視する社会福祉全体の流れが作られていった。

　この流れの中で、2001年、高次脳機能障害が「医療と福祉の谷間の障害」とされ、まだ、この障害に対する支援法が確立されていない時期に障害を持つ当事者の家族らの手によって小規模作業所「Re〜らぶ」は設立された。その後、「Re〜らぶ」は2004年にNPO法人化し、2007年に地域活動支援センターに、そして、2008年4月には就労継続支援B型事業所へとその事業を移行していく。こうした事業展開は、「Re〜らぶ」が制度の変化に応じてなんとか支援を継続していくために変化をさせていかざるを得なかった歴史であると同時に、「Re〜らぶ」のスタッフとメンバーたちがお互いの思いを共有しながらこのコミュニティ自らが主体的に実践を生成してきた歴史でもある。本研究ではこのコミュニティの生成の歴史をフィールドワークにより明らかにする。

本研究の構成

本研究は、序章と終章を含め全8章から構成される。

第1章は、第2章以降で紹介されるフィールドワークの結果を理解するための準備として位置づけられるものである。この章では、まずは、福祉現場がおかれた状況を説明し、障害者が地域で安心して生活できる社会、自立と共生の社会の実現を目指して行われた一連の社会福祉の制度改革が地域福祉の現場にもたらした影響について考察する。次に、高次脳機能障害について説明をする。なぜなら、本研究は、高次脳機能障害者のために作られた小規模作業所を研究のフィールドとしており、高次脳機能障害とは何か、高次脳機能障害者がおかれている状況を理解しなければ、この小規模作業所で行われた実践について深く理解することはできないからである。そして、この章の最後では、今回の研究方法であるフィールドワークについて述べ、実際に筆者がどのようにフィールドと関わり、エスノグラフィーを作成したのかを説明する。

第2章では、「Re～らぶ」の設立以前には高次脳機能障害に対する診断やリハビリテーションの方法が確立されておらず、また福祉の面でもこの障害を持つ人が利用できるサービスがほとんどなかった2001年当時、いわば、高次脳機能障害に対する支援が模索されていた中で開設された小規模作業所（A作業所）における実践を取り上げる。A作業所に新しく参加したメンバーの参加の軌跡をたどることを通して、この作業所がどのような場であるのか、そして、高次脳機能障害者がこのコミュニティに参加する意味について明らかにすることをこの章の目的とする。フィールドワークの結果、A作業所に参加するメンバーたちにとって、この場はリハビリテーションや訓練を前面に出す活動の場ではなく、憩いの場としても位置づけられていて、自分たちの「今」にあった無理のない適度な作業や活動があるところとされていたが、同時に就労ということを意識しつつも、作業所のメンバーでいることに抵抗を感じないところといったように「曖昧さ」を兼ね備えているのがこの作業所であった。しかしながら、他の社会資源が不足している中でこのような多様な目的を担わなければいけないA作業所には、どのような実践を生成すればよいのかという大きな課題が立ち現れた。この章は、第3章以降の研究のフィールドである「Re～らぶ」という福祉のコミュニティに参加する意味を巡り、実践をいかに共有していくべきか、その考えるべき課題を提起するものとなる。

第3章では、この章以降のフィールドとなる「Re～らぶ」の概要とその歴史、そして、現在の事業内容について取り上げる。高次脳機能障害者に対する地域の

社会資源がほとんどない中「Re～らぶ」はＡ作業所より少し遅れて設立され、当初は高次脳機能障害を持つ人の居場所としてその活動が開始されたが、その後、障害を持つ人の「働く場所」という意味を持つ場にその活動を変えていった。事業形態も小規模作業所から地域活動支援センターを経て就労継続支援Ｂ型事業へ移行した。この章では、「Re～らぶ」の設立から現在までの活動の変遷と現在の「Re～らぶ」の実践について説明する。

　第４章では、第５章以降、「Re～らぶ」の変化のプロセスについて述べていくが、それに先んじてこの章では、このコミュニティの設立当初の2003年当時、記憶に障害を持つ高次脳機能障害者が生活の場である「Re～らぶ」においてどのように〈いま〉（＝過去のある時点における時間）を生きていたのかを述べていく。「Re～らぶ」に通う、記憶に障害を持つ高次脳機能障害者３人の日常における行為から記憶のありようを見ていくことを通して、まずは、生活の場において記憶障害がどのように現れているのかを分析していく。これを通して、高次脳機能障害者が自分の記憶障害をどのように経験しているのか、そしてまわりの人々と共にどのような生活世界を作り上げ、生きていたのかを明らかにする。フィールドワークを通して、記憶に障害を持つメンバーと彼らを支援するスタッフは、共同で記憶障害を不可視にするシステムを作り上げていることが見出されたが、このフィールドの特殊性を＜共に生きるかたち＞として呈示する。

　第５章とそれに続く第６章では、小規模作業所としてスタートした「Re～らぶ」において福祉制度の再編のもと、地域活動支援センターを経て就労継続支援Ｂ型事業所にサービス事業を変更した過程の事例分析を行なう。この分析はその後の＜共に生きるかたち＞の変遷をたどることでもある。

　まず、第５章では、設立当初、障害を持つ人の「居場所」として機能していた「Re～らぶ」が「働く場所」という意味を持つ場に変化させるに至ったこのプロセスを明らかにする。「状況的学習論」では実践への関わりが可能になっている状態を実践への「アクセス」と呼ぶが、コミュニティそして、コミュニティでの実践活動へ参加するには、広範囲の進行中の活動、古参者たち、さらにコミュニティの他の成員、さらには、情報、資源、参加の機会へのアクセスが必要である（Lave & Wenger, 1991）。「石けんづくり」を通して行われた実践へのアクセスの組織化は、メンバーとスタッフの実践への参加の仕方を変え、このコミュニティを「居場所」から「働く場」に変化させる原動力になっていたのをこの分析から

見出すことができる。

　第6章では、引き続き「Re〜らぶ」というコミュニティの変化をたどることになる。このコミュニティが「働く場」として意味づけられた後にも新たな活動が生成され続けていた。スタッフとメンバーが相互に関わりながら生成した活動を通して、メンバーはコミュニティへの参加のありようをさらに変化させていった。この過程の中で、スタッフとメンバーは共に「Re〜らぶ」のことを「自分たちの作業所」（筆者注：2006年当時は「Re〜らぶ」はまだ作業所として運営されていた）と呼ぶ場面が見られた。この「自分たちの作業所」という言葉が使用される時、筆者はその言葉が単に所属を意味するものではなく能動的な意味合いで使用されることを見出した。これは、「自分たちの作業所」というコミュニティの実践の意味を共有できるような実践を組織化した結果、生み出された言葉であることが明らかになった。スタッフとメンバーは、活動の意味や自分たちの関係性を実践を通して創りなおし、共に主体としてこのコミュニティに協同的に参加するようになっていったのである。

　終章では、これまでの議論を総括しながら、このコミュニティの変化のプロセスについて検討する。このプロセスこそが「Re〜らぶ」というコミュニティの参加者の＜共に生きるかたち＞の生成に向けたプロセスであると考える。

文献

Lave, J. & Wenger, E. 1991 Situated Learning: Legitimate Peripheral Participation. Cambridge: Cambridge University Press. 佐伯胖（訳）1993　状況に埋め込まれた学習－正統的周辺参加－　産業図書.

第1章　福祉の現場でのフィールドワーク

第1節　福祉現場がおかれた状況

　障害者が地域で安心して生活できる社会、自立と共生の社会の実現を目指して行なわれた社会福祉制度改革の流れの中で、2006年4月障害者自立支援法が成立し、これまでの福祉制度は大きく改革されることになった。そのポイントは①障害施策を3障害一元化、②これまでの33種類に分かれていた施設体系を6つの事業からなる利用者本位のサービス体系に再編、③就労支援の抜本的強化、④支給決定の透明化、明確化、⑤安定した財源の確保などにおかれた。この中でも特に注目されたのは、従来の障害者福祉サービス体系を大幅に変更し、障害者が「もっと働ける社会」を目指して就労支援に向けた新しい事業を創設して、障害者の就労を福祉の側から支援する仕組みの構築が図られたことである。これにより従来の福祉施設における就労支援のあり方は大きな変化を求められることになった。これまで、法内施設の不備を補完するため、働く意思があるが一般就労が困難な多くの障害者を受け入れてきた「無認可共同作業所」や「小規模作業所」（以下、作業所とする）などと呼ばれてきた法定外施設も例外ではなく、そのサービス体系を変更しなければならなくなった。

　作業所の歴史をふりかえると、作業所は1960年代末に地域の中に主に在宅障害者のための社会活動の場や生産活動の場が少ないことから障害者・家族・関係者が設置運動を始めたのをきっかけに作られた。1980年代にはその動きが全国に急速に広がり、その後作業所の数は増加の一途をたどった（鈴木, 1999）。はじめは、作業所は成人期初期の知的障害者や身体障害者を対象として展開されてきたが、その後、精神障害者や重複障害者に、最近においては高次脳機能障害など中途障害者へとその対象者は広がってきている。先述したとおり作業所は福祉の法に基づく社会福祉施設ではなく、国の法定障害者施設の補完的な役割を担い、補助金によって運営されている法定外の施設である。それにも関わらず、その数は法定

障害者施設の数をはるかに上回り、2002年時点で6,000箇所、作業所の利用者数は9万人を超え（菅井, 2003）、障害者福祉の現実的な社会資源として重要な役割を果たしてきた（鈴木, 1999）。

　作業所が地域において他の社会資源がない中で誕生してきたという経緯があり、これまで障害を持つ人の多様なニーズに応じて作業所は居場所、就労の場、仲間作りの場、生活を支える場、相談の場など幅広い重要な役割を担ってきた。また、一つの作業所がこれらの役割を重複して担い、作業所の実践を行なっていることも多かった。2006年障害者自立支援法により、施行から5年以内にこれまで地域に住む障害者の日中の活動を担ってきた作業所は「施設」の枠組みから「事業」として再編され、従来行なっていた実践を生活介護や就労移行支援、就労継続支援、地域生活支援など自立支援法に定められた明確化、かつ分担化された事業に移行しなければならなくなるなど障害者を取り巻く状況は大きく変化してきた。

　この障害者自立支援法は文字通り障害者の自立を支援するための法律であり、この法で自立という言葉が意味するものは、障害者が地域で生活を営み、働き、暮らしていけるように法整備を行ない、支援するというものである（大濱ら, 2009）。今日の福祉において地域での暮らしを支える支援は、どのような支援であっても本人が自ら選択し、主体的に生きていくこと、すなわち本人のエンパワーメントにつながらなければ意味があるとは言えないと考えられている。そのため支援者は障害者本人が主体的に社会参加し、充実した人生を送っていけるよう本人との共同作業の中で支援を行ない、障害を持つ人と対等な立場で本人の主体性を尊重した支援、自己決定や自己実現を図っていくことが求められている（加藤, 2007）。

　では、このような福祉の理念や支援の方針をふまえて福祉サービス事業所は、現実にどのような実践を行なえばよいのだろうか。障害を持つ人にとって「自立とは何か」、「主体的に生きていくこととはどのような状態を指し示すのか」、「自立を支援するためにはどのようなサービスが必要で有効なのか」などのもっと踏み込んだ議論・検討する必要性が指摘されている（伊勢田, 2008）。地域福祉の現場を支える個々の事業所においても、どのような実践を行なうべきか大きな課題として残されたままである。

　このような現状にあっても、福祉事業所はその歩みを止めることなく福祉の理念の実現を目指すことが求められ、サービス体系の変更と共に福祉施策や新しい

第1章　福祉の現場でのフィールドワーク　9

制度をふまえた自分たちの実践を作り出す必要性が生まれた。このように福祉を取り巻く現状は変わりつつあるが、未だに地域の社会資源が不足している状況において福祉事業所は地域の実情や、利用者の個々のニーズに合わせたきめ細かな支援をしていくことも引き続き求められている。

第2節　高次脳機能障害者がおかれている状況

　本研究は、高次脳機能障害者のために作られた小規模作業所を研究のフィールドとしている。ここでは、高次脳機能障害について説明する。

1. 高次脳機能障害者がおかれている状況

　近年、脳外傷や脳血管障害などの後遺症として、記憶障害、注意障害、遂行機能障害や社会的行動障害などの認知障害を呈する「高次脳機能障害」は、日常生活への適応が困難なことからこの障害に対して社会的関心が向けられるようになってきた。この障害に関しては、これまで明確な診断基準やリハビリテーションプログラムなどがなく、障害者として認定されないことが多かった。現在、この障害を持つ人の数は全国に50万人を上回ると推定されている（渡邉, 2008）。2005年、厚生労働省によりはじめて診断基準が設けられ、この前後から国や地方公共団体が中心となってこの障害を持つ人に対する支援システムの整備事業が行なわれた。2006年からは「障害者自立支援法」に基づき高次脳機能障害者に対する地域リハビリテーションと支援の取り組みが始まったが、未だにこの障害を持つ人が利用できる社会資源の数が少ないのが現状である。従来、高次脳機能障害は、障害の状態がさまざまで、しかも障害が見えにくく他者からは理解することが困難な障害として位置づけられてきた。また、疾病の発病や事故後の急性期における医療機関による積極的な治療やリハビリテーションが終了すると、障害が回復、軽減しないまま地域に戻った高次脳機能障害を持つ人は、その障害のために日常生活・社会生活において困難を生じることが多く、さまざまな「生活のしづらさ」を抱えていることが多い。

　現在、ノーマライゼーションの考えのもと、障害を持つ人が、その障害の種別や程度に関わらず、障害福祉サービスやその他の支援を受けながら、自立と社会

参加を図っていくことが目指されている。高次脳機能障害を持つ人が地域の中で自立し、生きがいを持ちながら安心してその人らしい地域生活を送るためには、一人ひとりその現われ方が異なる高次脳機能障害の特性の理解をはじめ、生活環境やライフステージ、そしてそれぞれのニーズに合わせた長期にわたる包括的な地域生活支援が必要である。

2. 高次脳機能障害が「障害」とされるまで

　高次脳機能障害という用語は、すでに20年近く前からリハビリテーションの分野で使われてきた。その場合の対象は、主として脳卒中などの脳血管障害による失語、失行、失認などの障害に絞られていた。すなわち、「話す」「聞く」「読む」「書く」などの行為が困難になる「失語症」や、意図した動作がうまく行なえない「失行症」、視覚や聴覚などの感覚器官が正常であるのにも関わらず、対象を正しく認識できない「失認症」などがその主な症状であった（大橋, 2002）。これらは、脳の局所の障害、例えば、失語であれば、言語中枢である大脳のブローカ中枢、ウェルニッケ中枢、上言語野の障害で認められるものであった（佐野・加藤, 1998）。ある程度、脳の画像所見と臨床症状が一致し、ほとんどの場合がリハビリテーションなどの医療や福祉サービスの対象になっていた。現在でも、高次脳機能障害を起こす原因疾患の多くは脳血管障害であり、平成20年度に東京都が行なった高次脳機能障害者実態調査報告書によるとその数は、全体の80％を占めている。そして、その発症時の年齢は「60歳代」が半数近くを占めている（東京都高次能機能障害者実態調査検討委員会, 2008）。

　ところが、ここ数年、高次脳機能障害という用語は上記の使われ方から少しずつ変化している。脳血管障害による脳の損傷は、ある程度その病巣が局限されている。しかし、交通事故や転落などによる脳外傷の場合、脳卒中と異なり、さらに広い脳領域、あるいはびまん性の脳損傷を受ける。これらの脳損傷者の発症時の平均年齢は30歳半ばである（大橋, 2001）。このような脳損傷は、救命救急医療体制が整備されていない時代には、急性期を乗り越えることが困難であったが、医療の進歩により、現代では救命され、家庭に戻れるケースが多くなった。

　身体機能障害はほとんど見られないものの脳損傷が原因でおこる後遺症の諸症状は退院後の具体的な社会生活の中で問題として現れることがある。そして制度

的に利用できる医療・福祉サービスは限られていた。高次脳機能障害が重篤な場合は、認知症と同じ状態になり、常時他人の介護が必要となるが、その障害が重篤でない場合、急性期における医療機関による積極的な身体に対する治療やリハビリテーションが終了すると認知障害があることに気づかれないで地域生活に戻るケースがほとんどであった。そのような人たちが日常生活に戻ったあと、家族などまわりの人が、はじめて本人が以前とは「何かが違う」ことに気がつく。例えば、昔のことは比較的覚えているのに、つい先ほど起きたことを忘れてしまう。物事へのこだわりが強くなる。感情の変化が大きくなる。急に怒ったかと思うと、急に上機嫌になる。以前は、ひとりで簡単に行なっていたことも、いちいち誰かの指示が必要となる。几帳面であった人が、急にだらしなくなる。お金を計画性もなく使ってしまう。人の話についていくことができない。職場に戻った場合も、仕事をこなす速度が遅くなり、同時進行で複数の課題に取り組めなくなる。話についていけない。場に不適切な態度を示す。疲れやすい。パニックになりやすい。集中力がなくなるなどそのほか様々な症状として二次的な形で日常生活に障害が現われていく（日本脳外傷友の会, 2001）。その症状の多くは、健常者がもつ性質と境界が引きにくいものである。したがって、これまで本人も含めその家族などの周囲の人も「何かが違う」と思ってもこれが脳の損傷のためからくる障害であるとほとんどの場合気がつくことは少なかった。

　本人がこのような状態のため、就労、教育の場への復帰や受傷前の生活に戻ることが容易ではなかった。このように認知、情緒、心理社会的障害など困難を抱えている脳外傷者が多くなってきたのに伴い、自分たちが抱えている困難が、個々人、あるいは、それぞれの家庭の個別の問題ではなく、共通した広がりをもっていることが次第に明らかになっていた。しかし、上記のような神経心理学的症状は複雑で障害の評価や対応が困難であることから補償、医療、福祉などの対象になりにくく、支援のシステムは、整っていなかった。したがってこの症状を持つ脳外傷者は、「医療と福祉の谷間」にあるといわれ、福祉や医療の対象にならないまま、厳しい状況におかれていた。脳外傷者の多くは、若年層から成人層であり、社会参加が阻まれ、教育、就労、結婚などの切実な問題を抱えていた。

　この状況の中、1995年に大阪で初めて脳外傷者の当事者組織が結成され、その後当事者組織が各地に発足していった。当事者組織やリハビリテーションの専門家の共同による広報、啓蒙活動により、この障害が新聞やテレビなどのマスコミ

に取り上げられることが多くなり、高次脳機能障害ということばがテレビやマスコミを通じて使われるようになっていった。これまで家庭に潜在していた脳外傷者の存在、また、その障害の症状、そしてその困難が明らかにされ、これらの障害に対して、高次脳機能障害という言葉が使われ、この障害が社会に知られはじめた。また、それを推し進める形で国会や地方議会においても取り上げられ、高次脳機能障害が医療や福祉の対象になっていないことに公としてクレームが出されはじめた。これにより行政も動きはじめた。当事者団体による実態調査の要望をもとに、1998年厚生科学研究費助成金による「若年性痴呆の実態に関する研究」や、1999年には東京都による「高次脳機能障害者実態調査」が行なわれた。現在、一般用語となりつつある「高次脳機能障害」は依然として失語、失行、失認が含まれているものの、どちらかというと記憶、注意、集中力、遂行機能の低下、人格の変化、情緒や行動の障害がクローズアップされている。そしてそれらの障害をもつ脳外傷者は、生活を管理できない、対人関係を維持できない、社会参加ができない、障害を自分で自覚できないなどの二次的な障害をもっていると指摘されている（大橋, 2002）。

　高次脳機能障害については紆余曲折があったものの、厚生労働省は、2001年度から3ヵ年の計画で高次脳機能障害に対する「診断基準」を提示し、リハビリテーション、社会復帰及び生活支援の標準的なプログラムを作成する目的で「高次脳機能障害支援モデル事業」を行なった。2003年春に提出された「高次脳機能障害支援モデル事業中間報告書」（厚生労働省, 2003）で、この障害者がおかれている現状として、高次脳機能障害の症状は、日常生活に大きな支障をもたらす場合があるが一見して認識することが困難で、「人が変わった」、「怠け者になった」などの誤解を受けるケースがあることや当事者及び家族においては、相談や対応に関する情報が不十分であること、医療、福祉関係者においては、「高次脳機能障害」への共通認識、サービスの指針がないとし、高次脳機能障害の特性に着目したサービス提供がなされているとは言い難いと現状を明らかにした。

3．高次脳機能障害とは

　障害保健福祉の観点から高次脳機能障害を持つ人を定義することは、福祉サービスを提供するための対象者を明確にし、適切かつ全国で共通した福祉サービス

提供を可能にすることにつながる。高次脳機能障害といえばこれまで大脳皮質の極限した領域の損傷で説明される失語・失行・失認に代表されるような単症状と理解されがちであったが、記憶障害、注意障害、遂行機能障害、社会的行動障害などにより日常生活や社会生活が困難に陥っている人がいて、医療・福祉サービス提供の観点からこの人たちを対象とする診断基準が必要であるとされた（中島, 2006）。高次脳機能障害支援モデル事業では、最初に診断基準が作成された。厚生労働省の「高次脳機能障害支援モデル事業中間報告書」（2003）では、この障害を下記のように定義づけている。「高次脳機能障害とは、外傷性脳損傷、脳血管障害などの器質性脳病変の後遺症として、記憶障害、注意障害（注1）、遂行機能障害（注2）、社会的行動障害（注3）などの認知障害等を呈するものである」。

（注1）　注意障害：ぼんやりしていて、何かをするとミスばかりする。ふたつのことを同時にしようとすると混乱する。
（注2）　遂行機能障害：自分で計画を立ててものごとを実行することができない。人に指示してもらわないと何もできない。いきあたりばったりの行動をする。
（注3）　社会的行動障害：本中間報告書では、以下のようなものを指して社会的行動障害という。
　1　依存性・退行
　　　すぐに他人を頼るようなそぶりを示したり、子どもっぽくなったりすること。
　2　欲求コントロール低下
　　　我慢ができなくて、何でも無制限に欲しがること。好きなものを食べたり、飲んだりすることばかりでなく、お金を無制限に遣ってしまうことにも見られる。
　3　感情コントロール低下
　　　場違いの場面で怒ったり、笑ったりすること。ひどい場合には、大した理由もなく、突然感情を爆発させて暴れることもある。
　4　対人技能拙劣
　　　相手の立場や気持ちを思いやることができなくなり、良い人間関係をつくることが難しいこと。

5 固執性

　一つのものごとにこだわって、容易に変えられないこと。いつまでも同じことを続けることもある。

6 意欲・発動性の低下

　自分では何もしようとはしないで、他人に言われないと物事ができないようなボーとした状態。

7 抑うつ

　憂うつな状態が続いて、何もできないでいること。よく尋ねれば、何をするかはわかっている。

4．北海道での高次脳機能障害支援モデル事業とその後の取り組み

　厚生労働省の事業として、高次脳機能障害者への支援に積極的に取り組む地方自治体と国立身体障害者リハビリテーションセンター（現：国立障害者リハビリテーションセンター）が協力し、高次脳機能障害者への連続したケアを実現するために2001年度から5カ年の予定で高次脳機能障害者支援モデル事業を行なった。前半の3年間では事例を集め分析し、「診断基準」「標準的訓練プログラム」「社会復帰・生活・介護支援プログラム」が作成された（国立身体障害者リハビリテーションセンター, 2004）。2004年度からの2年間は、作成された診断基準や支援プログラムが適切なものかどうか検証と評価を行ない、その確立と普及が目指された。

　北海道でも北海道と札幌市が実施主体となり、2001年度から「高次脳機能障害者社会復帰支援モデル事業」、2004年度からは「高次脳機能障害者支援システム整備事業」を行ない、北海道高次脳機能障害者支援体制整備推進委員会で高次脳機能障害者の社会復帰の促進や地域での支援システムについて検討された。また、この事業では北海道大学病院が支援コーディネート事業の委託を受け、支援拠点機関として関係する障害施設や家庭等と連携し、高次脳機能障害者の機能回復訓練のほか、社会復帰支援や生活・介護支援のためのプログラムを実施し検証するため支援コーディネーターを障害者施設や家庭等に派遣した。登録支援事例は35症例、相談件数は延べ741件、関係機関との連携は39件行なった。さらに、リハビリテーション提供・地域生活支援事業として、委託を受けた2つの機関が、支

援拠点機関、関係する障害施設や家庭などと連携し、地域における高次脳機能障害者の就学支援、就労支援、就労準備支援などの社会復帰の試みを行なった。この事業で支援事例は16事例、相談活動は延べ243件であった。このような支援事業のもと北海道での高次脳機能障害者への支援がやっと開始された。

2006年、障害者自立支援法が施行された。この法により福祉サービス利用に関しては身体障害、知的障害、精神障害の3障害が共通になったが、高次脳機能障害者も精神障害として認定され、障害者自立支援法に基づくサービス利用ができるようになった。北海道はこの法のもと「高次脳機能障害者支援普及事業」を開始した。この事業の概要は、地域において高次脳機能障害者の支援が円滑に実施されるよう、診断基準、標準的訓練プログラムの普及を図り、医療機関における高次脳機能障害に関する診断、リハビリテーションの取り組みを推進すること、また、高次脳機能障害者、家族などに対し就学、就労、在宅生活支援などの相談支援を行ない支援のネットワークを構築するとともに、保健福祉事務所や市町村、相談機関などの相談対応者の能力を高め、地域における高次脳機能障害者支援体制を整備することであった（北海道高次脳機能障害者支援体制整備委員会, 2006）。再び北海道大学病院が北海道から委託を受け支援拠点利用機関としてリハビリテーション支援コーディネート事業を行なうとともに、就労支援、就学支援、授産施設利用支援、在宅生活支援をするために4つの事業所も北海道からの委託を受けることになった。本研究の2つのフィールド（A作業所、「Re〜らぶ」）も北海道から委託を受け、この事業に参加した。このように高次脳機能障害者支援のための社会的なシステムづくりが開始されたが、まだこの障害に対する認知度は低く、支援する機関が広がらないなどの問題が残されている。

第3節　フィールドワーク

1．エスノグラフィーの作成のプロセス

本研究はフィールドワークの結果をまとめたエスノグラフィーである。フィールドワークとはデータの収集と分析において数量化を自明なものとはせず言語を中心とした質的なデータを収集し、その形を尊重しながら分析を行なう質的研究（能智, 2007）の方法の一つである。フィールドワークの本質は、調べようとする

| | 低 | 関与の程度 | | | 高 |

参加の タイプ	全く 参加せず	消極的な 参加	中程度な 参加	積極的な 参加	完全な 参加
参加の仕方の 事例	マジックミ ラー越しの観 察	「壁の花」の ような観察	誘われた場合 のみ観察	なるべく多く の活動に 参加	現場の一員と して活動しつ つ観察

図1-1 フィールドへの関わりの程度から見たフィールドワークの分類
（Spradley, 1980；能智, 2011）

対象である社会や集団の中に入り込み、出来事が起きているその「現場」（＝フィールド）に身をおき、自分自身の目で見、耳で聞き、肌で感じた体験をもとに報告することにある。この対象者と生活と行動を共にし、五感を通した自らの体験を分析や記述の基礎におく調査法は参与観察と呼ばれる（佐藤, 1992）。調査者は調査対象者と生活を共にすることで彼らの視点からフィールドの出来事を理解しようとすると同時に、局外者という二つの視点をあわせ持つ第三の視点からそれらを観察し記録していかなければならない（佐藤, 2002）。

　研究者とフィールドの関係の仕方は、スプラッドリー（Spradley, 1980）によると「消極的な参加」から「完全なる参加」までの4つのタイプに分類できると言う。「消極的な参加」というのは、なるべくその場の活動に影響を与えないように少し離れた位置から観察するというスタイルをとることを意味しており、「完全な参加」というのは、現場の一員として活動しつつ観察するというスタイルをとる。その二つの間に明確な区切りが存在するわけではないが、「中程度の参加」と「積極的な参加」がある。この分類を図1-1に示す。

　本研究では、フィールドワークの前半は「積極的な参加」というスタイルで、後半は「積極的な参加」あるいは「完全な参加」というスタイルで現場に参加した。筆者は2001年からボランティア兼調査者という立場で今回の研究のフィールドである小規模作業所への参与観察を行なった。フィールドの正式メンバーではないが何らかの役割を持ってフィールドに参加しながら観察をするという意味では「積極的な参与」というフィールドへの関与度が高い立場をとった。2004年からは、フィールドである小規模作業所を運営する障害者支援団体（筆者注：のちにNPOを立ち上げた）の理事の一人として会の運営に参加すると共にこの作業

所のボランティアスタッフとしてこのフィールドに関わったという意味で「積極的な参加」あるいは「完全な参加」というスタイルでこの現場に参加した。

　実際のフィールドワークには、参与観察以外の活動が含まれる。佐藤（1992）は、広義の参与観察には少なくともアメリカの社会学者ジョージ・マッコールらによる5つの調査技法が含まれるという。

　①　社会生活への参加
　②　対象社会の生活の直接観察
　③　社会生活に関する聞き取り
　④　文書資料や文物の収集と分析
　⑤　出来事や物事に関する感想や意味づけについてのインタビュー

　本研究では、この5つの技法を取り入れデータの収集を行なった。今回の研究において用いた資料はフィールドノーツが中心となっている。フィールドでの観察中はメモをとれる状況にある場合は「現場メモ」を作成することもあったが、作業所に通所してくる利用者（以下、メンバーとよぶ）やスタッフと共に活動しており、また、場の雰囲気が不自然になるのを避けるために多くの場合、メモをとることやビデオなどでの撮影は行なわなかった。そのため帰宅後数少ない現場メモや記憶をもとにフィールドノーツをつける形をとった。加えて、フィールドである小規模作業所の会報やフィールドのスタッフやメンバーの許可をもらいスタッフが記録した活動日誌やメンバーが個別に記入した活動記録ノート、そして、スタッフの個人的な備忘録なども補足資料とした。また、2006年からはメンバーとスタッフに許可をもらいミーティングの場面などはボイスレコーダーでその様子を録音し、そのデータも用いた。さらには、スタッフやメンバーに随時行なったインフォーマルなインタビューも資料とした。このように収集したデータを抽出・分析し、フィールドワークの結果を報告書（エスノグラフィー）にまとめた。エスノグラフィーの作成のプロセスは図1-2のとおりである。

2．フィールドへのアクセス

　エスノグラフィーの質は、エスノグラファーがいかに研究のフィールドの活動

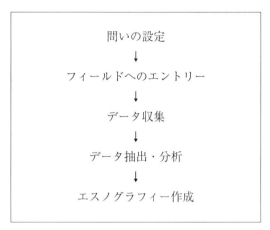

図1-2　エスノグラフィーの作成のプロセス

や場面にアクセスできるかに依存している（ソーヤー, 2006）。筆者がどのようにフィールドであるコミュニティにアクセスしてきたのかをここで説明をする。

　筆者とこの研究のフィールドとの出会いは2001年3月にさかのぼる。日本でもまだ数少ない高次脳機能障害者のための小規模作業所に偶然、行く機会を得た。まだ、高次脳機能障害が医療と福祉の谷間の障害とされ、診断やリハビリ方法も確立せず、社会資源もほとんどない中でこの障害を持つ人の地域生活を支える福祉の現場でどのように支援をしたらよいのかを考えるプロジェクトをこの作業所と心理学者たちが共同で立ち上げることになった。まだ学部生でちょうど大学の春休みで時間に余裕があった筆者は、研究者としてではなく、今まで行く機会がなかった福祉の現場を見学する目的でこの作業所に同行することになった。たまたま時期を同じくして、この作業所に初めて行く3日前にNHKテレビで記憶障害が重篤な高次脳機能障害者が主人公のドキュメンタリーが放映された。今度、訪れることになった作業所の利用者と同じ障害である。このドキュメンタリーでは重い記憶障害のために日々の出来事を覚えられず、生まれたばかりの子どもの顔も覚えられない高次脳機能障害者の日常がとてもドラマチックに紹介されていた。しかし、実際にこのテレビで見たイメージを持って作業所に行ってみると、この作業所を利用する高次脳機能障害者はこのドキュメンタリーで紹介された高次脳機能障害者とはかなり異なっていた。会話をしていても、その発言を聞いていても、短時間関わるだけでは高次脳機能障害者だとはわからない人が多かった。

この経験から、高次脳機能障害に興味を持った筆者は、この作業所でもっとこの障害を持った人と関わっていきたいと思い、ボランティアをさせていただくことを願い出た。フィールドエントリーは、すでにプロジェクトが立ち上げの時に一度、同行させていただいていたのですぐに作業所の方から快諾を得ることができた。

フィールドワークでは、最初に問いを立ち上げ、その問いを明らかにするためにフィールドエントリーをするのが普通であるが、筆者の最初の問いは「日常生活において高次脳機能障害はどのように現われるのか、また、この障害に対する支援法が確立されていない中でこの作業所はこの障害を持つ人にどのような役割を果たし、どのような活動をするのか」という漠然としたものであった。

まずは、作業所で見て、聞いて、経験したことをフィールドノーツに書くことから始めた。作業所では、ボランティアとしてメンバーと共に活動をした。座る場所も、作業する場所も、昼食をとるところもメンバーと同じである。「手伝い」が必要な時は手伝い、その他の時はメンバーと同じように活動をするということを繰り返した。初めは筆者には特に役割は課されなかったが、フィールドに慣れるに従い、スタッフの手が足りない時には、メンバーを「見守る」という役割を頼まれることがあった。例えば、作業所外で行なうレクリエーションなどではメンバーたちをいくつかのグループに分け、スタッフがそれぞれのグループに一人ずつ入るようにするのだが、スタッフの人数が足りない時は筆者がスタッフと同じようにそれに加わることがあった。もちろん、スタッフのように指示などをすることはないが、何かあった時には対応することを求められていることを感じた。このように行なった参与観察の結果はフィールドノーツに書き溜めていった。そこから、筆者の最初の研究のリサーチクエスチョンを立ち上げていった。このリサーチクエスチョンは「高次脳機能障害者はどのようにこの作業所に参加しているのか」という問いである。この問いのもとデータを抽出・分析をし、その成果をまとめたのが本研究の第2章である。しかし、執筆後、次の問いがなかなか見つからず、次の研究をスタートできるまで1年以上の時間がたってしまった。

もう一度研究をスタートしたいと思っていた筆者は、偶然にも市の保健センターにおいてあったボランティア募集のチラシを目にして、「Re～らぶ」という高次脳機能障害者のための作業所が新しく設立されたのを知り、早速、連絡をとることにした。本書の第3章からは、この新しく開設された「Re～らぶ」にフ

ィールドを移して書いたフィールドワークの記録となる。「Re～らぶ」でお会い
したスタッフの方は前回のフィールドワークで顔見知りになった当事者の家族の
方だったこともあり、調査を兼ねてボランティアをすることの許可をすぐにいた
だくことができた。この作業所でも、前回のフィールドワークと同じようにメン
バーと共に活動をすることが多かったが、時折、スタッフに会報の原稿をパソコ
ンに入力するなど事務作業を手伝ったりすることがあった。また、当時「Re～
らぶ」は、常時、通所してくるメンバーは3名であり、活動は余裕をもって行な
われ、手の空いている間、スタッフとお話しをする機会が多かった。前回のフ
ィールドワークより人の数も少なく時間にも余裕があったので関係性が深まって
いった。

　筆者は、「Re～らぶ」で行なわれるすべての活動に制限なく加わることが許さ
れた。メンバーが参加する活動はもちろんのこと、そして、スタッフのミーティ
ング、レクリエーション、バザー、作業所の旅行、あるいは、メンバーたちだけ
で開くインフォーマルな飲み会などにも誘われ、時間の許す限りこれらに参加さ
せていただいた。この時のフィールドワークの結果は、第4章にまとめてある。
この研究は「記憶に障害を持つメンバーの行為から記憶のあり様をみていくこと
により、生活の場において記憶障害がどのように現われるのかを分析し、メン
バーはそれをどのように経験しているのか、そして周りの人々と共にどのような
生活世界を作り上げて生きているのか」を検討したものである。

　その後、心理学を学ぶ大学院生であった筆者は、この小さいコミュニティ「Re
～らぶ」を運営する団体の理事に加わることになった。理事といっても理事会に
参加する以外は今までと変わることはなかったが、引き続き同じようなスタイル
でフィールドに関わることを許された。前回のフィールドワークを終えてから次
の新しい研究の問いは、またしてもなかなか立てることができなかったが、フ
ィールドノーツだけは書き溜めることにした。

　この間、「Re～らぶ」は移転をし、またその形態も小規模作業所から地域活動
支援センターに、そして就労継続支援B型事業所にその事業内容を変えること
になった。メンバーも当初は3名の高次脳機能障害者だけであったが、高次脳機
能障害者以外の障害を持つ人が加わるようになり、今ではメンバーも20名を超え
ている。当初の「Re～らぶ」の様子とは、場所や形態が変わり、そしてメンバー
やスタッフも新しい人が加わったが、また、反対にこのフィールドから去ってい

く人もいた。この間も、筆者はメンバー、スタッフが行なう活動に引き続き制限なく参加することが許され、さらに活動にアクセスできることが増えていった。メンバーだけで計画した旅行や、月末の工賃支給日に行なわれる飲み会などメンバーだけで開く「催し」にも誘われ参加することもあった。また、逆にスタッフだけが参加する場、例えば、スタッフミーティングや作業所外で行なわれるスタッフの慰労会などにも参加させていただくこともある。このようにメンバー、スタッフのそれぞれのグループだけの活動に両方とも参加することが許されていたが、このことはメンバーもスタッフも知っていたことである。ただ、このように参加することはお互いのグループ内で秘密にしなければならない情報にもアクセスすることも当然でてくるので、それには細心の注意を払うようにした。

　また、長期間にわたりこの「Re〜らぶ」に関わっている筆者は「Re〜らぶ」の外でここを代表して立ち振る舞うことを求められたり、無償であるがここの支援コーディネーターや心理士としての役割を担うことになった。スタッフと共に他機関に出向いたり、研究会や講演会などでスタッフと共に実践を発表することを求められることがある。また、メンバーから相談を持ちかけられスタッフと共に対応すること、あるいはスタッフからは心理学を学んでいる立場から意見を求められることなどがある。筆者は、「積極的な参加」と「完全なる参加」の間を行き来しながら今、現在でも「Re〜らぶ」の一員として活動に参加している。そして、このようにフィールドワークを行ないながら、スタッフとメンバーと共に経験した「Re〜らぶ」の実践の変化のプロセスとその実践の意味の生成と変化についてまとめたのが、本研究の第5章と第6章である。

文献

北海道高次脳機能障害者支援体制整備推進委員会　2006　平成16〜17年度北海道・札幌市共同事業　高次脳機能障害者支援システム整備事業実績報告書.

伊勢田堯　2008 ‘自立’とは何か？－障害者自立支援法の問題点と見直しの課題－　精神療法　Vol. 34 No. 1 pp. 26-33.

加藤啓一郎　2007　知的障害者通所施設の現在　そだちの科学　No. 8 pp. 94-101.

国立身体障害者リハビリテーションセンター　2004　高次脳機能障害支援モデル事業報告書－平成13年度〜平成15年度のまとめ－.

厚生労働省　2003　高次脳機能障害支援モデル事業中間報告書.

中島八十一　2006　診断基準　高次脳機能障害支援コーディネート研究会（監修）　高次脳機能障害支援コーディネートマニュアル　pp. 27-40　中央法規.

日本脳外傷友の会（編）　2001　Q＆A脳外傷　本人と家族のためのガイドブック　明石書店.

能智正博　2007　質的研究と臨床・社会心理学　能智正博・川野健治（編）はじめての質的研究法　臨床・社会編　pp. 3-38　東京図書.

能智正博　2011　質的研究法　東京大学出版会.

大濱伸昭・小林茂・向谷地生良　2009　地域づくりの観点から－先進的地域に学ぶ①浦河　臨床心理学　Vo. 9 No. 5 pp. 627-634.

大橋正洋　2001　わが国における高次脳機能障害リハビリテーションの課題　千野直一・安藤徳彦（編）高次脳機能障害とリハビリテーション pp. 8-9　金原出版株式会社.

大橋正洋　2002　一般用語になりつつある高次脳機能障害　失語症研究　第22巻　第3号　pp. 20-25.

佐藤郁哉　1992　フィールドワーク－書を持って街へ出よう－　新曜社.

佐藤郁哉　2002　フィールドワークの技法－問いを育てる、仮説をきたえる　新曜社.

佐野洋子・加藤正弘　1998　脳が言葉を取り戻すとき　失語症のカルテから　日本放送出版協会.

ソーヤーりえこ　2006　理工系研究室における装置へのアクセスの社会的組織化　上野直樹・ソーヤーりえこ（編）　文化と状況的学習　実践、言語人工物へのアクセスのデザイン　pp. 93-126　凡人社.

Spradley, J. P. 1980 Participant observation. Orlando: Harcourt Brace Jovanovich College Publishers. 田中美恵子・麻原きよみ（監訳）2010　参加観察法入門　医学書院.

菅井真　2003　小規模作業所問題をめぐる新たなる展開ときょうされん運動　生活共同組合研究　16　pp. 5-10.

鈴木清覚　1999　小規模作業所と障害者施設　発達　Vol. 20 No. 8 pp. 33-38.

東京都高次脳機能障害者実態調査委員会　2008　高次脳機能障害実態調査報告書

渡邉修　2008　高次脳機能障害と家族のケア　講談社.

第2章　実践をいかに共有するのか
──福祉のコミュニティに参加する意味をめぐって──

　この章では「Re～らぶ」の設立以前に高次脳機能障害が医療と福祉の谷間の障害とされ支援システムがない当時に、この障害を持つ人を支援するために作られた小規模作業所（以下、A作業所とする）の実践を取り上げる。

第1節　問題と目的

　ここでは、高次脳機能障害に対する診断やリハビリテーションの方法が確立されておらず、また福祉の面でもこの障害を持つ人が利用できるサービスがほとんどなかった2001年当時、いわば、高次脳機能障害に対する支援が模索されていた中で開設されたA作業所においてどのような実践が行なわれ、高次脳機能障害者がこの作業所にどのように参加していたのかに焦点をあてる。

　この分析では、新しくこの小規模作業所を利用するメンバーの参加の軌跡を中心にして作業所における参加メンバーの活動の様態を明らかにしていく。分析の枠組みには、学習が実践のコミュニティへの参加のプロセスとして捉えられるとする状況的学習論、とりわけレイヴとウェンガー（1991）による正統的周辺参加論（LPP）の枠組みを用いる。LPPにおいて学習は個体による知識や技能の獲得としてではなく、実践のコミュニティへの参加のあり方や参加の軌跡、またアイデンティティの変化の軌跡として捉える。新参者は、周辺的参加から十全的参加への移行を通してその共同体の成員性を獲得し、自らのアイデンティティを確立していくとともに、古参者という存在になっていくとされる。しかし、新参者の参加は、時として新しいものと古いものの「連続性─置換」の矛盾が露呈するコンフリクトを引き起こす舞台となることが指摘されている。その場合、実践のコミュニティはこの「連続性─置換」のコンフリクトを通して状況的に構成されることになる。

　そもそも状況的学習論において実践のコミュニティとは単に制度的な社会組織

ではなく「ある特定の実践を共有」しているグループを指し、制度的枠組みをリソースとして利用しつつ、実践を共有する中で状況的に構成され、再構成されるものである（ソーヤー, 2006）。その過程においてコミュニティの参加者は「自分たちで何をしているのか、またそれが自分たちの生活と共同体にとってどういう意味があるかについての共通理解がある活動システムへの参加」（Lave & Wenger, 1991, 邦訳, p. 80）を行なっている。このように「参加は常に世界の意味についての状況に埋め込まれた交渉、再交渉に基づく。これはすなわち、理解と経験は絶えざる相互作用のうちにあるということであり―実際、相互構成的なのである」（Lave & Wenger, 1991, 邦訳, p. 28）と言う。言い換えるならば、実践のコミュニティは参加者がその活動の意味を具体的な実践を通して見出していく場なのである。

　この章では、この作業所に新しく参加したメンバーの参加の軌跡をたどることを通して、この作業所がどのような場であるのか、そして、高次脳機能障害者がこのコミュニティに参加する意味について明らかにすることを目的とする。

第2節　方法

　本研究のフィールドは1998年に作られた高次脳機能障害者のための小規模作業所（以下、A作業所とする）である。筆者は2001年3月、見学者として初めてこの作業所を訪ね、その後同年5月よりボランティアという立場で作業所の活動に参加した。ただし、調査も兼ねてボランティアをしていることは作業所のスタッフ、及びメンバーも了解している。参与の仕方は一貫して一人のボランティアとして活動するかたちで日常の活動に参加し、そこの人々と関係を結び、その過程で進行中の出来事を観察するという参与観察の方法をとった。参与観察を行なった期間は同年11月まで7ヶ月である。データの取り方はミーティングの場面ではできる限りその間の発話を筆記にて記録した。しかし、その他の活動中、筆者は、ボランティアとしてメンバーと一緒に活動に参加しており、また、活動の場で筆者がメモをとることで場の雰囲気が不自然になるのを避けるためにメモはとらなかった。そのため、帰宅後、記憶をもとにしてフィールドノーツを作成する方法をとった。また、作業所では、レクリエーションとして月一回ボーリング大会を開催しているが、それにもボランティアとして参加した。その他、メンバー

のお見舞いや、社会資源見学会、作業所の運営母体が月一回ずつ開いている例会
にも、スタッフとメンバーの許可を得てメンバーの参加の様子をみるために参加
した。また、作業所の内外でスタッフに行なったインフォーマルなインタビュー
もデータとして使用している。

第3節　結果と考察

1．A作業所について

(1) フィールドの概要

　本研究のフィールドは、高次脳機能障害に対する診断やリハビリテーションの
方法が確立されておらず、また福祉の面でもこの障害を持つ人が利用できるサー
ビスが不足していた当時、1998年3月にわが国で初めて作られた高次脳機能障害
者のための小規模作業所である。この作業所は、「高次脳機能障害者の本人や家
族が励ましあい、この障害について正しい知識を持ち、お互いの経験をもちより
よい進路を探していく」ことを目的として結成した家族会（現在とは名称が異な
る）が運営母体となっている。当初は無認可の作業所でスタッフは当事者の母親
たちであったが、翌年から市から認可を受け、常勤生活指導員が1名、非常勤生
活指導員2名、常時通所者5～7名の体制で運営されていた。筆者がフィールド
ワークを開始した2001年4月からは常勤生活指導員2名、非常勤生活指導員2名
となり、当事者の家族らが役員としてその運営にあたっていた。
　次の資料2-1は、作業所のパンフレットに書かれていた作業所の紹介文であ
る。

> 資料2-1
> 　通所者は、20～30代の男性が主で、皆それぞれ社会的自立を強く希望しています。
> しかし、まだ社会一般や医学の専門家に認知されていない障害の為、手帳や年金、
> 法定雇用枠など、利用できる福祉サービスや社会資源がほとんどないのが現状です。
> 　○○（作業所の名前）は、こうした悩みを持つ人たちが励ましあい、情報交換し、
> 自分自身の障害と向き合いながら、社会復帰の足がかりを見つけるための場とな
> っています。

> 私たちに必要なのは…
> ・　一人でも多くの仲間との出会い
> ・　一人でも多くの理解者との出会い
> ・　リハビリテーションの場
> ・　訓練・教育の場
> ・　憩いの場
>
> —Ａ作業所のパンフレット（2001）より—

　高次脳機能障害者に対する福祉サービスや社会資源がない状況の中で作られた作業所である。確立された支援プログラムがない中で運営された作業所であるが、このパンフレットを見てもわかるとおり、この作業所が担わなければいけない役割は多岐に渡っていた。

　作業所の利用者であるメンバーの資格は、運営母体の会の当事者会員であることのみで、性別、年令、居住地は一切問われない。また週に何日以上来なければならないという通所義務はないのでメンバーは10代から70代の男女75名（2000年12月当時）いたが、当時は実際に作業所を利用する人は少なかった。常時この作業所に通所してくるメンバーは5〜7名であり、年令は20代から30代の男性で脳外傷を負う以前は、就労していた人が多い。このメンバーの中には他の作業所とかけもちしている人や、病院でリハビリテーションを受けるために通院している人がいる。スタッフは生活指導員2名（男女1名ずつ）と非常勤生活指導員2名（女性）であり、この作業所の勤務年数は1〜2年である。指導員たちの年令は通所者とほぼ同じ世代である。この指導員の他に当事者の家族らが作業所の役員として常時勤務し、指導員と一緒にメンバーの対応を行なうことがある。その他、ボランティアも頻繁に出入りしている。

(2) 作業所の活動

　作業所の活動は、平日の10時から終了時間は「終わりの会」が終わるまでとなっているので、日によって違いがある。通常は、早くて16時過ぎ、「終わりの会」が長引いた時などは、17時半を過ぎる場合もある。「終わりの会」とは、作業所において一日の最後に行なわれるプログラムで、指導員の進行のもと、メンバー一人ずつがその日の活動を報告し、感想を述べる場である。

1）毎日行なわれる活動

「朝の会」

　朝の会は、10時から始められる。場所は、作業所の台所にある「円卓」で行なわれる。司会は指導員が行ない、メンバーは指導員が入れたコーヒーを飲みながら参加している。朝の会で行なわれるのは、その日の予定確認と作業開始時間を決めることである。その時の作業所の活動状態やメンバーの様子によって「朝の会」の構造は変えられる。主に行なわれていることをまとめると以下のようになる。終了は、10時30分前後が多い。

① 前日、あるいは前の週の作業所の出来事をふりかえる。
② 「今日」の予定の確認―前日までに予定が決まっていれば、その確認を行なう。未定ならば、その日何をするかメンバー、指導員で話し合って決める。
③ 一週間の予定の確認―レクリエーションやバザーなどの行事があれば、その予定の確認をする。また、その週の予定が決まっていないと朝の会で話し合うことがある。
④ その他の話題―日常の出来事、テレビの話題、メンバーに起きた出来事などを話す。
⑤ 作業開始時間を決める―メンバーの希望を聞いて何時から作業を開始するか決める。

「午前中の活動」

　「朝の会」の終了後、5分から10分休憩してから、午前中の活動が行なわれる。時間は、昼食の12時まである。内容は、曜日、日によって異なる。またメンバーがそれぞれ違う活動をすることもある。午前中は、ひとつの作業のみすることが多く、スケジュールは余裕をもって作られている。

「昼食」

　昼食は、12時からとる。メンバーは、作業所の台所にある「朝の会」が行なわれるのと同じ円卓で食べる。昼食は、ボランティアが昼食時に来て作ってくれる。配膳は、指導員とボランティアが行なうことが多いが、後片付けはメンバー各自で行なう。昼食代は300円で日払いである。昼食後、メンバーの一人が指導員か

ら「本日の会計当番」を指名されて昼食代を集め、食材費簿に昼食代を支払った人の名前を記入していく。そして昼食の材料を購入してきたボランティアに食材費を支払い、手元のお金と食材費簿があっているか確認する。メンバーが会計当番をしている時は、指導員が横で見ていることが多い。その他のメンバーは、それぞれ、タバコを吸いに玄関に出て行ったり、昼寝をしたりしている。

「午後の活動」

午前中と同じく、午後からの作業もひとつの活動を行なうことが多い。時間は、13時から15時ぐらいまで活動は行なわれる。作業や活動が早く終わった時は、作業所の掃除を指導員の「声かけ」によってメンバーが行なうことがある。作業所のどこを掃除するかは、メンバーそれぞれが希望を言う。

「終わりの会」

午後の活動終了後、あるいは清掃後15時から15時半の間に開始される。終わる時間は、16時の予定になっているが、時間どおりに終わることはあまりない。日によっては、終わりの会に1時間半以上かけることもある。場所は、朝の会の場所と同じく台所の円卓で行なわれる。司会は、朝の会と同じ様に指導員が行なう。メンバーは、指導員の用意したコーヒーを飲みながら、時には、お菓子を食べながら参加する。終わりの会の中で行なわれることも日によって内容、順番は入れ替わるが、おおよその「終わりの会」の基本構造は、以下のとおりである。

① 終わりの会はじまりのあいさつ―指導員がその日のメンバーの労をねぎらう。
② 「今日」の昼食のメニューの確認―その日の昼食は何であったか、指導員がメンバーに聞く。記憶の確認と訓練の意味を兼ねている。
③ 「今日」の活動報告―指導員がメンバー各自に「午前」「午後」にわけて何をしたかを聞く。記憶も確認と訓練の意味を兼ねている。
④ 連絡事項の確認―指導員からの連絡事項とメンバーからの連絡事項の確認をする。
⑤ 「今日」の感想―メンバー各自が一日の感想を言う。また週の最終日であれば、「今日」の感想は、その週の感想に変えられる。

⑥ 「明日」の予定の確認―次の日の予定の確認をする。もし、予定がなけれ
ばこの場で決めることもある。週の最後の日であれば、次週の予定の確認を
する。

2）作業所の活動予定の決め方

作業所の活動予定は、指導員とメンバーが話し合って決める。月末の「月間行
事見直し」で一月の予定が大まかに組まれる。ここで組まれるのは、毎月、毎週
決まって行なわれることで、月一回行なわれるボーリング大会の日時、毎週行な
われる木彫や革細工、OA 講習会、ホームページ作成会議、レクリエーションの
日の確認がこれにあたる。そしてこれらの予定は、作業所の会報や作業所の HP
に掲載される。この他の予定は、朝の会や終わりの会でバザーなど作業所の行事
との兼ね合いやメンバーの集まり具合、あるいは、メンバーの意思を確認して前
もって予定が組まれることが多い。予定は、作業の進み具合、急に入ってくる行
事、メンバーの集まり具合、さらには、メンバーの意思によって、指導員とメン
バーが話し合い、変更されることもある。

3）主な活動内容

以下では、筆者がフィールドワーク中に行なわれた作業所の活動を中心にまと
めてみる。

「料理会」・「料理会打ち合わせ」・「料理会買い出し」

「料理会」とは、週に１度、メンバーが自分たちの昼食を作る活動のことである。
メンバーの一人が「料理長」と呼ばれるこのプロジェクトの責任者となっていた。
「料理会」を開くために、まず「料理会打ち合わせ」が行なわれ、そこでメンバー
が話し合い、何を作るかメニューを決められる。通常１時間半から２時間半ぐら
いかかる。この「料理会打ち合わせ」では、料理長が司会をすることになってい
たが、実際は、指導員がその進行をすることが多かった。「料理会打ち合わせ」
が終わると、「冷蔵庫チェック」と呼ばれる「料理会打ち合わせ」で決まった材
料が冷蔵庫にあるか確認し、なければ買い物リストに記入する。冷蔵庫チェック
は、料理長と指導員から依頼されたメンバー一人が行なう。そして、買い物リス
トをもとに作業所近くのスーパーに「買出し」にでかける。「料理会」が始まっ

た当初は、終わりの会終了後、行くことが多かったので指導員と時間の都合がつくメンバーが買い出しにでかけた。「料理会」は、作業所のスタッフが先生となり、朝の会終了後、「料理会」のための調理が始められ、その日の昼食を作る。なお、7月末にメンバーの意見によって「料理会」は、中止された。

「石けんづくり」

作業所、あるいは、作業所の運営母体が行なうバザーの時に販売する石けんを作る。石けんは、食用油の廃油を利用して作られ、食器や布洗い専用である。バザーで販売する時は、一個百円である。売上金は、作業所の活動費やメンバーの賃金にあてられる。バザーが行なわれることの多い夏場は、一週間に石けんづくりが一度行なわれる。作業、在庫の管理は、指導員の支援のもとメンバーが行なうことになっているが、作業の準備、後片付けは、指導員がすることが多い。メンバーの一人が「石けん議長」と呼ばれる作業責任者になっているが、実際「議長」がする作業は、ほとんどないようである。

「箱おり」

お菓子の箱を折る作業。スタッフが知り合いの御菓子屋から請負ってくる。箱によっては、曲線をいかして折らなければいけないのもあり、メンバーから難しいという声があがったことがある。箱おりは、不定期に行なわれている。

「会報作り」

基本的に、毎月行なわれることになっているが、実際には、隔月発行されていることが多い。メンバーが編集長、副編集長、印刷係を務めている。会報を作る時は、まず会報の編集会議が開かれ、何を会報に載せるか決める。次に編集長や副編集長が中心となって原稿の依頼をメンバー、スタッフにする。原稿が集まると、会報のレイアウトを決める。パソコン操作ができるメンバーは、原稿をパソコンで打つが、それ以外のメンバーは、手書きである。それらの原稿をB4の紙に貼りあわせていく。印刷は作業所内にあるリソグラフを使って印刷をする。会報はB5サイズでページ数は、6ページから8ページである。会報の内容は、作業所で行なわれた行事や、日常の活動報告、新しい会員の紹介やメンバーが日頃、感じていることなどが多い。会報は、作業所のメンバー、友の会の会員、そ

の他、作業所と関連ある病院、施設などに発送される。これらの作業は指導員の支援のもと行なわれる。

「ホームページ（HP）作成」

作業所では、自分たちのHPを持っている。その作成、管理、掲示板の管理は、指導員とメンバーが行なうことになっている。HPをどのようにするか「HP作成会議」が開かれている。ただし、この活動は、パソコン操作できるメンバーと指導員が中心となり行なっている。

「木彫」「革細工」

外部からそれぞれ講師を招き、木彫、革細工を教えてもらう。製作した作品は、バザーで販売されることもある。しかし、メンバーによっては、興味を示さず参加しない人もいる。

「パソコン（PC）打ち込み」

PCを使用する作業。スタッフに依頼され、PC操作ができるメンバーが名刺を作成などを行なう。また、パソコン初心者はパソコンゲームを利用し、PC操作の練習をする。

筆者の観察日に行なわれた活動内容を表2-1に記す。

4）メンバーの参加

この作業所は、週に何日以上来なくてはいけないという通所義務はないので、メンバーにより通所の頻度はまちまちである。作業所のメンバーの資格は、高次脳機能障害者であることと、運営母体の当事者会員であることのみで、性別、年令、居住地は一切問われない。登録しているメンバーは、10代から70代の男女75名（2000年12月当時）いるが、常時の通所者は、5～7名ぐらいであることが多い。観察中、メンバーが一人しか来所しない日もあった。メンバーの中には、毎日のように作業所に来る人もいれば、週に1，2回、あるいは、1ヶ月に1度くらいの割合でしか通所しないメンバーがいる。メンバーの中には、作業所に通い

表2-1　観察日の作業所の活動

	日　時	午　前		午　後		
1	5/14月	朝の会	「料理会打ち合せ」	昼食	石けんづくり		終わりの会
2	5/28月	朝の会	石けんづくり	昼食	「料理会打ち合せ」		終わりの会
3	6/4 月	朝の会	箱おり	昼食	よさこい練習 { 石けんづくり 　PC打ち込み		終わりの会
4	6/13水				「料理会」買出 { 会報折り 　「料理会」準備		終わりの会
5	6/15金				大掃除		終わりの会
6	6/27水	朝の会	「料理会打ち合せ」	昼食	「料理会打ち合せ」 { 「料理会」買出し 　PC打ち込み 　「料理会」下ごしらえ		終わりの会
7	7/2 月	朝の会	レク打ち合せ	昼食	石けんづくり { PC打ち込み 　ハンガー組立 机移動打ち合せ		終わりの会
8	7/18水				会報発送作業		終わりの会
9	7/24火	朝の会	会報編集会議	昼食	木彫		終わりの会
10	7/27金	朝の会	会報発送作業	昼食	事業計画見直し		終わりの会
11	8/10金	朝の会	机移動打ち合せ	昼食	机移動		終わりの会
12	8/30木	朝の会	石けんづくり	昼食	{ 皮細工 　石けん包装 　PC打ち込み		終わりの会
13	9/12水	朝の会	会報発送準備	昼食	HP作成会議		終わりの会
14	10/5 金	朝の会	{ 石けん包装準備 　会報PC打込	昼食	石けんづくり		終わりの会
15	10/10水	朝の会	{ 会報PC打込 　バザー準備	昼食	{ 会報編集・印刷 　バザー準備		終わりの会
16	10/17水		{ 会報印刷 　会報発送準備	昼食	会報発送準備		終わりの会
17	10/24水		箱おり	昼食	ケーキ作り		終わりの会

注：{ は、作業が並行して行なわれたことを示す

ながら、通院したり、リハビリテーションに行ったり、他の作業所にもかけもち
で通う人もいる。表2-2は、筆者が参与観察した日のメンバーの参加状況である。

　作業所は、10時からとなっているが、10時から来るメンバーは、少数である。
多くのメンバーは、11時、あるいは、昼過ぎに来る。指導員は、遅れてきたメン
バーに対して特に何も言わず、何時に来ても歓迎している。

2．新しいメンバーの参加の軌跡と作業所の活動

　ここでは2001年5月からこの作業所に通所をはじめた篠田さん（30代男性、仮
名）の参加の軌跡をたどることにする。篠田さんが事故に遭い脳外傷を負ったの
は199X年、それまで会社勤めをしていたが、事故の後遺症である高次脳機能障
害のため退職せざるを得なくなり、その後は自宅で過ごしていた。この作業所の
会員になったのは2年前になるが、これまでも作業所や当事者や家族が参加する
例会には数度来たことがあるが、作業所内の活動の様子をみて「ここは自分の来
るところではない」と言って帰ってしまうことを繰り返していた。2001年4月に
たまたま作業所に顔を出した篠田さんは、「ここ（筆者注：作業所のこと）はお
花見をしないのですか？」と突然、指導員に聞いたと言う。指導員は「それでは
篠田さんが幹事になって」と返答し、篠田さんはお花見の幹事を引き受けること
になった。お花見は指導員がその段取りを行なったので実際に篠田さんが引き受
けなければならない役割はほとんどないが、2001年5月にお花見に参加し、それ
をきっかけとして作業所に通所するようになった。

　会報の自己紹介や作業所における発言では、「勉強のために」「リハビリになる
から」が作業所に来る目的であると、篠田さんは表明していた。篠田さんが、作
業所に通い始めた頃は、言語の障害が目立った。しかし、作業所の活動に参加し、
そして作業所で過ごす時間が長くなるにつれて篠田さんの発話は以前よりも聞き
とりやすく、言葉も出てくるようになってきた。それに伴い、篠田さんは、作業
所のいくつかのプロジェクトの責任者を引き受けるようになり、そのうちに自分
の担当以外の作業所の活動でも、リーダーシップをとろうとする場面が何度か見
られるようになった。作業所の活動への参加が積極的になるにつれて作業所の今
までのやり方には、篠田さんは満足できず、メンバーや指導員に対して批判的な
発言をすることもあった。そのことで今までいた古参メンバーと衝突が起きるこ

表2-2　メンバーの参加状況

	5/14	5/28	6/4	6/13	6/15	6/27	7/2	7/18	7/24	7/27	8/10	8/30	9/12	10/5	10/10	10/17	10/24	来所回数
TT	○	○	○	○		○												5
M	○	○			○		○		○	○	○	○		○		○		10
S	○	○	○	○	○	○	○	○	○					○		○		11
KT			○	○	○								○		○			5
O			○			○			○			○	○		○	○		7
MR			○					○	○									3
Y	○	○	○	○	○	○	○	○	○	○	○	○		○		○		14
K	○	○	○	○	○	○	○	○	○	○	○							11
NN	○	○	○	○	○		○	○	○	○	○	○	○	○	○			14
YO		○																1
J						○											○	2
HO								○						○				2
OK			○															1
SM										○		○		○				3
I												○	○					2
SK												○	○	○				3
計	5	7	9	6	6	6	6	7	7	5	6	7	5	7	3	4	1	

注：全17回

ともあった。以下では、篠田さんの作業所への参加の軌跡を（1）5月から6月初旬の篠田さんが作業所に通い始めの時期、（2）6月中旬から8月中旬の作業所の活動に篠田さんが、積極的に参加し始めた時期、そして（3）8月下旬から10月までの篠田さんの「参加」のあり方が「拡大」した時期の3つの時期に分けて整理する。

（1）2001年5月〜6月初旬：周辺的参加

篠田さんは「リハビリのため」、「勉強のため」にこの作業所に通い始めた。篠田さんは、自分の記憶の障害も気になっているらしく、作業所に来ると人の名前を言い当てることをよく行なっていた。

> メンバーと一緒に事務所にいる私の姿を見つけて篠田さんが近くにやってくる。私の前に立ち、顔を見ながら何回も「あい…」といいながら空書を繰り返す。何度かその仕草を繰り返すうちに「あ○き」と言う。木という字を思い出したようだ。またしばらく考え、「あっ、青木さん」と正解にたどりつく。「あ、青木さんでしたよね。」と篠田さんは、笑う。

この名前の言い当ては、篠田さんが作業所に来始めたころ、名前を覚えているかはっきりしない相手に対し繰り返し行なっていた行為である。後日、終わりの会で篠田さんが「顔は覚えられるのだけれど人の名前は覚えられない。」と発言しているように人の名前を覚えるのに苦手意識があるようであった。人の名前を覚えること、そして思い出すことは、篠田さんには大切な意味のあることのようであった。「えーと、お名前は…」などで始まる人の名前を確かめる発言は筆者に対しても7月の中旬まで何度か行なわれた。この作業所に通所しているのは高次脳機能障害者だけであるが、この障害を持つ人の少なくとも9割は記憶に障害を持っているといわれる（国立身体障害者リハビリテーションセンター, 2004）。しかしながら古くからいるメンバー自身が自分の記憶障害をこのように他者に可視化することはこの作業所ではほとんどない。篠田さんのこのような行為は今までのメンバーはしないことであった。なぜ、篠田さんは自分の障害を可視化するのであろうか。篠田さんのこのような行為を通して、古くからいるメンバーとの作業所に参加する意味が異なることが見えてくる。篠田さんは自分で明言してい

るように「リハビリのため」、「勉強のため」という明確な目的を持って作業所に
来ている。したがって、篠田さんにとって作業所で行なわれる活動は、自分が持
つ障害の軽減に向けての訓練の位置づけになっている。そのため、作業所におい
ては自分が持つ障害は隠すべきものではなく、対象化すべきものとなっている。
　この頃、作業所での活動の中で篠田さんが積極的に参加するものと、しないも
のがあった。例えば、「よさこい」の練習には参加しない。また、石けんづくり、
箱おりなどの作業所の「作業」には、あまり関心がなく、これらの作業では自分
に対する暗黙の割り当てをこなす程度であった。これらの活動は、「話すこと」
とは、直接関係がないことである。篠田さんは、最初、「話すこと」に焦点をあ
て作業所の活動に参加した。「話すこと」は篠田さんにとって「リハビリ」、「勉強」
である。篠田さんは言語の障害が目立ったが、「話すこと」に消極的であること
はなかった。しかし、メンバーから言語の不自由さのために話がわかりにくい人
という受け止め方をされていたようである。篠田さんは、「話し合いの場」に参
加し、発言をするが、メンバーが話している話題から急に外れたことを言い始め
たり、逆に、篠田さんの発言に対し、メンバーからの反応があまりみられないこ
とが何度かあった。篠田さんの発言に対して「わからない…。ちょっとちがうの
ではないかと。フォローして。」とメンバーがはっきりと言い、近くにいた指導
員に篠田さんが何を言いたいのか説明を求める場面や、指導員が篠田さんの発言
を他のメンバーが理解しやすいよう繰り返し要約して伝える場面も見られた。ま
た、言葉が出てこない場合は、ヒントを出して言葉を促すことも指導員がするこ
とがある。下記のエピソードは終わりの会での篠田さんがその日の活動報告をし
ている場面である。

「今日、サラダじゃない、うーんと出てこない…。（手振りをしながら）なんで出
てこない…」それを見ていた指導員は、「"さ"は合っている」と言う。他のメンバー
も "さ"の次は五十音の一番最後だとかヒントを出そうとする。篠田さんは「み
んな教えてください」と言う。指導員が「ギブアップ？」と聞き、別の指導員が「さ
ん…」とヒントをだす。篠田さんは「サンドイッチ！サンドイッチのことで話を
ずーっとしていたことが私としてもだいぶ話ができたことがありましたが今日は
20％みなさんの話がわかったというそんな感じで」と言う。

終りの会でこの日行なわれた「料理会打ち合わせ」で何について話し合いをしていたのかを篠田さんが発言しようとした場面である。このように言葉が出てこない篠田さんに対し、指導員やメンバーがヒントを出し、言葉を促すことも見られた。また、このエピソードの最後の篠田さんの発言から彼が話し合いに参加してもその内容をあまり理解していないことが示唆される。このように自分の認識を他者に示すこと、これも自分の障害を可視化することの一つであり、古くからいたメンバーがしないことであった。

作業所の活動の中で篠田さんが積極的に参加する活動とそうでないものがあると先述したが、そもそもこの作業所では、メンバーが「いやなことはやらなくてもいい」というルールになっている。古くからのメンバーは「この作業所に義務はないのだからいやなことはやらなくてもいい」と言い、指導員も「いやなことは言ってくれればやらなくても…」と言う。この頃は、メンバーは石けんづくりであれば石けんをかき混ぜる、計量する、箱おりならば箱を折るという単純な作業のみに参加し、石けんづくりと箱おりの時は、その準備や後片付けは指導員がしていた。指導員はメンバーに作業を指示する時、「○○してくれませんか？」「すみませんが…」とか丁寧な言葉を使う。決してメンバーは強制的に作業をさせるということはない。指導員らは、「指導しない指導員だから」と自分たちのことを言う。作業所で行なわれる作業はメンバーがするべきものであるが実際に行なうのは指導員、メンバーは指導員に「依頼」されてその作業に参加しているという印象を受ける。指導員は、作業所内でメンバーが作業に積極的に関与するよりも、メンバーが気持ちよく、そして楽しく作業所で過ごしてもらうことを優先する意識が指導員の中にあるように感じた。それは、例えば、箱おりの際、メンバーがうまくできないでいると「そんなに急いでやる仕事でないですから、のんびりと」とか「別にノルマもないから」とメンバーの作業をセーブするような発言からも見てとれる。古くからいるメンバーはこのような作業所のルールや指導員の支援のもとで作業所に参加していた。このことは、何を示唆するのであろうか。通常、リハビリや訓練の場であれば、認知行動障害があるのであればそれを本人に自覚化させ、その障害を訓練によって軽減し、障害者個人の努力で越えられない問題は環境調整を行なう。しかし、この作業所ではメンバーの意思を優先させ「できない」と「いやなこと」はしなくていいというルールがあり、本人の努力や訓練、あるいは環境調整を行なってこれらのことを改善することは目標

とされていない。このことから古くからいるメンバーと指導員にとっては、この作業所が必ずしもリハビリテーションの場、訓練の場の意味を持っているわけではないことがわかる。篠田さんと古くからいるメンバーとでは、作業所に参加する意味が異なっている。

(2) 2001年6月中旬～8月中旬：積極的な参加

　篠田さんは引き続き「話すこと」に焦点をあて作業所の活動に積極的に参加していく。自ら自分の障害を可視化する篠田さんにとって、話すことは「リハビリ」、「勉強」であった。「話し合う場」などでは自ら中心的な役割を引き受けていく。例えば、作業所のプロジェクトのひとつ「料理会」の料理長を引き受け、「料理会の打ち合わせ」の司会をするようになった。篠田さんが料理長になる前の「料理会打ち合わせ」では、メンバーの一人が料理長となり司会をすることになっていたが、実際に話し合いの進行をしているのは、書記として参加している指導員であった。指導員が、料理長の言ったことをもっと噛み砕いてわかりやすくメンバーに言い直したり、料理長の言い足りない所を補ったり、次にどういう風に進行したらいいか料理長に指示を出したりしていた。また、この打ち合わせに参加しているメンバーの発言をまとめるのも今までは指導員が行なっていた。このように行なわれる「料理会打ち合わせ」では、料理長になっているメンバーは司会をするというよりは、他のメンバーのその場での振る舞いとあまり差はない。また、「料理会打ち合わせ」の当日、料理長が作業所を欠席し、料理長不在のまま打ち合わせが行なわれることもあった。しかし、篠田さんが料理長になってからの「料理会打ち合わせ」では、従来の料理長のすべきこととは異なり、篠田さんが料理長として司会をし、そして決まったことをボードに書き、書記も1人で務めていた。その間、指導員は黙って聞いていることが多く、指導員が自ら進行をするということは少なくなっていった。筆者が居合わせた日の篠田さんが料理長になってからの「料理会打ち合わせ」の様子は次のように記録されている。

「え、あー。冷麦っていう話がありますよね。」と言いながら篠田さんはボードに冷麦と書く。「とりあえずこれ（筆者注：冷麦のこと）は置いておいて。おかずは希望ないですか？」と言う。そして自ら「イカを焼くか。ここに書いてあるのだけれど。たまには焼いたイカもおいしいかも。」とレシピを見ながら言う。（中略）

今度は、篠田さんレシピ集にあったゆで豚のページを示し指導員、Kさん、Jさんに次々と見せ「これはどうですかねえ。」と言い、ゆで豚を提案する。メンバーはそれに賛成し、篠田さんはボードに「ゆで豚」と決まったメニューを書く。話は再び主食を何にするかに戻った。打ち合わせに参加していたメンバーのKさんは「ざるそばは時間がたつと固くなるから冷麦の方が水につけていいのでは。」と言う。それを受けて篠田さんは「ざるそばは乾いちゃうのかなあ。みんなで作る時は…。」と言い始めたが、Jさんが「ざるそば、ざるそばがいい」と言う。篠田さんは「二人の意見が分かれている。困ったなあ。」と言うと、Jさんが再び「ざるそば。」と主張する。冷麦を提案したKさんは「料理長が作れる方。」と篠田さんに判断を任せる。それを受けて、篠田さんは「どうしようかな。…（中略）こないだKさんが出した（筆者注：提案したということを指す）のパスになっちゃったんで…。すみませんけれど冷麦をつくりますので今回はざるそばはなしで」と言い、冷麦に決定する。

　篠田さんの「料理会打ち合わせ」の進め方は、メンバーからの意見は聞くが一応それを参考にしつつも、それを受けて自分で提案を出して、最終的に決定するのは、メンバーでなく篠田さん自身である。今までの料理長が打ち合わせの時に求められていた役割とは少し違うかもしれない。しかし、指導員の関与が少なくメンバーで行なう「料理会の打ち合わせ」になったのは間違いない。その他にも篠田さんは今までのメンバーがしないことをすることが目につくようになってきた。上記の「料理会打ち合わせ」後、篠田さんは、通常二人一組のペアになり行なう「冷蔵庫チェック」という「料理会」に必要な食材が冷蔵庫にあるかを調べる作業を篠田さんは誰にも声をかけず、一人でさっさと行なおうとした。それを見ていた指導員があわてて篠田さんと組んで冷蔵庫チェックをする人をメンバーから募る場面があった。篠田さんにとって「メンバーがすべきこと」は、指導員の「依頼」がなくても篠田さんはする。それは、これまで指導員の「依頼」、進行のもと行なわれてきたメンバーの活動の仕方とは明らかに異なっている。この他の場面でも古くからいたメンバーがしてこなかったことを篠田さんはするようになる。例えば、篠田さんは「料理会」の下ごしらえを1人ですることもあった。篠田さんの発言や振る舞いから「自分が料理長である」という自覚を強く持っていることはわかるが、これらの篠田さんの振る舞いは、今までの「メンバーがしないこと」であった。篠田さんが料理長になって、「料理会」のあり方、打ち合

わせの仕方が大きく変わったことは明らかである。このように行なわれるように
なった「料理会」に対して、他のメンバーは「料理会、だんだんできそうな感じ
に変わってきた」、「今までの積み重ねをしてきたことが積み上げられて」と言い、
篠田さんが料理長となってから行なわれた「料理会」を評価するメンバーが出て
きた。その他、作業所の「話し合いの場」、例えば「事業計画見直し」でも篠田
さん自らが司会を引き受け、話し合いの進行を行なうことが見られた。これらの
進行は今まで指導員がしていたことだが、篠田さんにとって「メンバーがすべき
こと」であり、「話し合いの司会は、メンバーがやらなければ意味がない」と言う。

　話し合いの場以外の活動でも篠田さんにとって「メンバーがすべき」ことは広
がっていく。それらは、今まで指導員がしていたこと、あるいは、メンバーが指
導員の「依頼」を受けてはじめて行なっていたことである。篠田さんは、指導員
の「依頼」や「援助」がなくても自発的にそれらのことを行なっていく。篠田さ
んにとって「メンバーがすべきこと、あるいは、できること」をしないメンバー
に対して篠田さんが指示をする場面が見られた。篠田さんの言動は、作業所の活
動のあり方、メンバーの活動への参加の仕方を変えようとしていた。しかしなが
ら、篠田さんの行為は、篠田さんにとって「メンバーがすべきこと」であるが、
他のメンバーにとっては「メンバーがしないこと」でもあった。はじめは「料理
会打ち合わせ」のように篠田さんの行為を好意的に受け取るメンバーもいたが、
次第に今までいたメンバーとの違いが明らかになり、今までの作業所のあり方を
好むメンバーに違和感を与えていった。

　このメンバーたちの戸惑い、そして違和感は、篠田さんが作業所を休んだ日に
表面に表れた。その日の朝の会で古くからいるメンバーのKさんが「料理会」
を止めようと言いだした。Kさんは、篠田さんが料理長になって「料理会」が変
わってきたことに対して「よくなってきた」と今まで評価をしていたメンバーの
一人である。しかし、その評価は変わったようだ。Kさんが「料理会」を中止し
ようと提案した主な理由は、「料理会打ち合わせ」、そして「料理会」は水、木曜
日に行なわれることが多いが、この日のメンバーの出席が非常に少なくなってき
ていることである。特に古くからいるメンバーは来ないことが多い。Kさんは笑
いながらではあるが、「料理会打ち合わせ」は「調子悪い」と言う。それに対し
て指導員は「（篠田さんは）気配りができないわけではない。篠田さんは言うの
が（筆者注：司会をするのがという意味）精一杯で、人のまで聞くまでは（人の

発言を聞くのは難しいという意味）。口に出して表現するので全エネルギーを使っている。議長をするので精一杯、話を聞く方だとまた違うと思う」と言う。指導員は、篠田さんのこれまでの「料理会」や「料理会打ち合わせ」の振る舞いを弁護する。「篠田さんは「料理会」を楽しみにしている」と篠田さんが「料理会」を楽しみにしていることを指導員は付け加えるとともに、「料理会を止めるとみんなのこれまでのスキルが下がるから」と指導員自らが珍しく意見を言い、「料理会」を中止することに反対する。しかし、Ｋさんは、「せめて古くからのメンバーが来るまで止めにしよう」と言う。そして、「料理会を止めることを、Ｋさんが篠田さんに自分が言っても篠田さんにわかってもらえないから、指導員から言って欲しい」と言う。結局、その後、「料理会」は中止となった。また朝の会、終わりの会以外のメンバーで話し合う場は少なくなり、篠田さんが司会をする場はなくなっていった。「メンバーで話したり、考えたりすることは、リハビリになる」と指導員やメンバーともに認識していたが、「メンバーたちで行なう」話し合いの場は７月以降、このように古くからいるメンバーたちの意見でなくなってしまった。ここで明らかになったことは、篠田さんと古いメンバーとの間で、実践の共有をすることは難しいということである。一時期、篠田さんが進行する話し合いの場に一緒に参加し、篠田さんの行為を評価していた古いメンバーだったが、再び、以前と変わらない「できないこと」、「いやなことはしない」という作業所のルールのもとで、指導員から依頼を受けて作業所の活動に参加していた。

(3) 2001年8月下旬～10月：「参加」する意味の広がり

　篠田さんのこの時期の参加の軌跡を説明に入る前に、Ａ作業所の活動の変化についてふれる。朝の会、終わりの会などでメンバーが話す時間はそのまま残されたが、「料理会打ち合わせ」などのメンバー全員で話し合って決めるという場はなくなった。作業は石けんづくり、会報発送などは何人かのメンバーが協力して行なわなければならない作業であるが、その他の作業はいくつか並行して行なわれることが多くなった。それぞれのメンバーが自分のスキルや興味に合わせて、一人で、または、少人数で作業をすることが多くなった。

　このようにＡ作業所の活動が変化した中、篠田さんは、司会の機会がなくなったのに伴い、リーダーシップをとるという場面はみられなくなった。しかし、一方で石けんづくりなどの「作業」への関心が以前より高まったようだ。石けん

づくりでは、篠田さんは、自分の暗黙の割り当てが終わるとその場を離れること
が多かったが、今まで指導員がしていた後片付けなども篠田さんは手伝う。また
石けんの容器を再利用するなど新しい作業方法のアイディアを出すこともあった。
また、石けんづくり以外にも、篠田さんが作業所で行なう活動の幅が広がってい
った。指導員の依頼を受けて会報のイラストを書いたり編集や印刷などの作業に
も加わる。今まで苦手と言っていたパソコンで行なう名刺づくりにも指導員の支
援のもとこの作業にも加わるようになった。また、作業所の母体が行なったバ
ザーの荷物の搬送も積極的に手伝い、バザー当日には、商品の販売の担当をした。
このように作業所の行事にも参加するようになった。それとともに「ここに勉強
に来ているのですから」「勉強になりますから」「リハビリになりますから」とい
う言葉は篠田さんの口から聞かれなくなった。このように篠田さんが参加する作
業所での活動の幅は広がってきたが、それは以前に比べて他の「メンバーがしな
いこと」をするより、他の「メンバーがすること」をする割合が増えてきたこと
を意味する。しかし、作業所に来始めた頃と変わらないことがある。それは自分
の認識、例えば、自分がわからないこと、憶えていないことを明らかにすること
である。「それは知らなかった」「全然頭に入っていなかった」「全然わかってい
ないですね」と自分がはっきりわかっていないことを明らかにすることはこの時
期でもよく行なっていた。篠田さんにとって作業所へのこのような参加の仕方は、
以前ほどではないが「リハビリ」、「勉強」の場の意味を持つとともに、古くから
いるメンバーと同じように作業所のルールのもとで活動に参加することに新たな
意味を見出したことを示している。

第4節　本章のまとめ——メンバーが作業所に参加する意味——

　筆者が参与観察を開始した時にこの作業所に新しく参加した篠田さんにとって
「メンバーがすべきこと」は、時間と共にその意味が変わってきた。篠田さんが
作業所に来る目的は「勉強のため」、「リハビリになるから」であるからと通い始
めた頃言っていた。言語に障害をもつ篠田さんは、「話す」という活動を中心に
作業所に参加していく。「話す」ことが篠田さんの「リハビリ」、「勉強」であった。
篠田さんは、「料理会打ち合わせ」の司会だけではなく、他の「話す」という活
動の場、たとえば、事業計画見直しなどの話し合いなどの司会も自ら引き受けた。

これまで「料理会打ち合わせ」の司会は料理長と呼ばれるメンバーの役目となっていたが、実際の「料理会打ち合わせ」の場では、指導員がその進行をしていた。その他の「話す」という活動の場も、指導員がその司会と進行をするのがこの作業所の常だった。しかし、「話す」という活動の場の司会と進行は、これまで「メンバーがしないこと」であったが、篠田さんにとっては「メンバーがすべき」ことであり、「リハビリ」、「勉強」の意味を持っていた。篠田さんは、「リハビリ」、「勉強」して、再び就労に就くことを目指していた。

　篠田さんは作業所に参加するに従い、「話す」という場以外でも今までの「メンバーがしないこと」を積極的に行なうようになった。それらは篠田さんにとって「メンバーがすべきこと」であり、その活動の意味は、「リハビリ」、「勉強」であったが、徐々に篠田さんにとって「作業所に通所する目的がリハビリ、勉強であるメンバーであれば、当然するべきこと、あるいは、できること」という意味が含まれていくようであった。それは、作業所に参加するにつれて、篠田さんなりの作業所という場の意味についての理解が進んでいったからであると思われる。篠田さんにとって「メンバーがすべき」ということは、指導員の「依頼」がなくても、あるいは「援助」を受けずに自発的に自分たちの力でしていくことであるように感じられた。

　このような篠田さんの行為に対し、好意的に受け止める古くからいたメンバーも一時期出現したが、篠田さんにとって「メンバーがすべきこと、あるいは、できること」をしないメンバーに対して篠田さんが指示する場面も同時に見られるようになる。このような中、篠田さんが中心となって行なう活動に参加しないメンバーも出てきて、これまでとは異なる新しい活動は古くからいるメンバーの意見により中止になった。このことは篠田さんと古くからいたメンバーの間では、このコミュニティに参加する意味が異なっていることを表すと共に、この両者の間で実践を共有することの難しさが表面化したのだと考えられる。篠田さんにとってこの作業所で「メンバーがすべきこと」は「リハビリ」や「勉強」の意味をもつ活動への参加であるが、古くからいたメンバーにとって「メンバーがすべきこと」は、メンバーに負担をかけないように配慮された、それぞれのメンバーの興味やスキルに応じた指導員からの「依頼」を受け「支援」のもと作業所の活動に参加することである。そしてメンバーの参加は、「いやなことはやらなくてもいい」、「面倒くさいことはしない」、「作業はのんびりと」、「（作業の）ノルマは

ない」、「義務はない」などの作業所のルールに従った上での参加である。またそれは、指導員の「指示のしない指導員だから」という言葉やあくまでもメンバーの意思を尊重するという指導員の姿勢にも後押しされる。古くからいるメンバーにとって「作業所のメンバーである」ことは、このような参加の仕方を身につけることである。従って、作業所は、メンバーにとって負担を感じない居心地のよい場になっていると思われる。

　しかしながら、古くからのメンバーが「リハビリ」、「勉強」には全く無関心であり、就労を目指していないというわけではない。メンバーの多くは、20代、30代の男性である。作業所に籍をおきながら、就労のためのトレーニングに行く人もいるし、普段の会話のなかでも「仕事に就けたら」、「○○さんは、仕事みつけたんじゃない、いいなあ」などの発言がなされることがある。しかし、その反面、リハビリを前面に出す作業所の活動には、メンバーは、抵抗があるようだった。メンバーから「記憶の訓練を作業所でやるのなら、僕はこない」という発言を聞くこともあった。また、「メンバーで話したり、考えたりすることは、リハビリになる」指導員やメンバーともに認識していたが、「メンバーたちで行なう」話し合いの場は7月以降、メンバーたちの意見でなくなってしまった。また、これまでリハビリの一環として気功や臨床心理の専門家が来て行なうグループワークが作業所のプログラムに取り入れられたことがあったが、作業所には馴染まなかったようだ。リハビリテーションや訓練を前面に出す活動ではなく、憩いの場というのでもなく、自分たちの「今」にあった無理のない適度な作業や活動があるところ、また就労ということを意識しつつも、作業所のメンバーでいることに抵抗を感じないところ、そのような「曖昧さ」を兼ね備えているところがこの「作業所」である。そして、このような作業所への参加が作業所のメンバーのアイデンティティを形成するリソースになっていると考えられる。メンバーたちは作業所においてリハビリや勉強をするのでもなく、憩いを求めているわけでもない。また、メンバーは就労を目指してはいるが、同時に今のまま作業所のメンバーでいることの居心地の良さを味わっている。メンバーたちはそのようなアイデンティティでいることが許容される作業所に意味を見出し、この作業所に参加しているのではないだろうか。

　篠田さんが司会や進行をする話し合いの場がなくなってからの振る舞いに少しずつ変化が見られるようになった。篠田さんはこれまでの「メンバーがしないこ

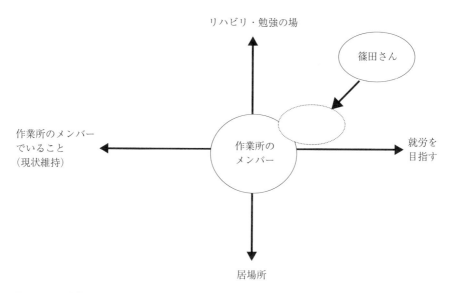

図2-1　作業所が担う場の意味・メンバーのアイデンティティと篠田さんの参加の軌跡

と」をすることは少なくなり、代わって「メンバーがすること」を篠田さんはするようになっていく。それは、篠田さんのアイデンティティが全く変わったということではない。作業所のメンバーであることのよさ、作業所の居心地のよさを作業所に見出しつつあるからだと思われる。以下に作業所が担っている場の意味とメンバーのアイデンティティ、それに対する篠田さんの軌跡を示す（図2-1）。図2-1の縦軸は作業所の場の意味を、横軸はメンバーのアイデンティティを表す。多くのメンバーはほぼ中心に位置し、作業所での場の意味を「曖昧」な形で享受しているが、それに対し、篠田さんは、初め就労のための職業リハビリや勉強する場になることを強く求めていた。しかし、観察の後半では、次第に他のメンバーの場の意味に近づき、A作業所で行なわれる活動を受け入れることを通して作業所を居場所とすることを認めたように思われる。

　本論のフィールドであるA作業所は、リハビリテーションや訓練を前面に出す活動ではなく、憩いの場というのでもなく、自分たちの「今」にあった無理のない適度な作業や活動があるところ、また就労ということを意識しつつも、作業所のメンバーでいることに抵抗を感じないところ、そのような「曖昧さ」を兼ね備えているところがこの「作業所」であると先に述べた。A作業所はこのよう

にコミュニティの場の意味を「曖昧」にしなければ、メンバーが参加することすることができなかったのである。

　場の意味を「曖昧」にしておく必要性は、当時のメンバーのアイデンティティ、そしてその当時の高次脳機能障害者がおかれた状況によって生み出されたものである。この「曖昧さ」は、先に述べたように作業所においてリハビリや勉強をするのでもなく、憩いを求めているわけでもない、将来的に就労することを視野に入れつつも、自分たちの「今」にあったこの「曖昧さ」を兼ね備えている作業所に参加することに意味を見出しているその当時のメンバーたちの揺れ動くアイデンティティを表し、逆に言うと、そのようなアイデンティティを持つメンバーにとっては、このように場の意味を「曖昧」にしておかなければこのコミュニティに参加することができないのである。それと同時に、「曖昧さ」は、この当時の高次脳機能障害者がおかれていた状況からも必要とされたものでもある。A作業所は、高次脳機能障害者に対する社会資源も支援方法も確立されていないという困難な状況のもとその活動を開始した。社会資源のない中でどのような支援目標を設定し、どのように支援をしたらよいのかスタッフは試行錯誤しながらその活動を始めたが、他に高次脳機能障害者が利用できる福祉施設がないという状況ではA作業所を頼って来る様々なニーズや参加の目的を持つ多様な高次脳機能障害者を同時に受け入れなければならない状況にあった。A作業所は、個々のメンバーに合わせた活動を担う必要が発生し、実践をいかに共有するかという課題に直面したが、場の意味を「曖昧」にすることにより、より多くのメンバーの参加を可能にしたのである。

　このように場の意味を曖昧にしておくことはこの当時のメンバー、そして高次脳機能障害者がおかれている状況においては必要であったが、しかしながら、後に矛盾を生むことになる。状況的学習論において実践のコミュニティとは「参加者が自分たちで何をしているのか、またそれが自分たちの生活と共同体にとってどういう意味があるかについての共通理解がある活動システム」（Lave & Wenger, 1991, 邦訳, p.80）を意味し、その活動の意味を具体的な実践を通して見出していく場である。つまり、実践を共有することがコミュニティには必要とされる。この章の事例では、古くからいるメンバーの場の意味、コミュニティに参加する意味とは異なって、篠田さんが中心となってA作業所をリハビリテーション、勉強の場に変えようとした時に行なわれたA作業所の実践は、古くからのメ

ンバーに違和感やコミュニティへの不参加を生むことになり、A作業所は危機に直面をした。このように場が持つ意味、そしてメンバーがコミュニティに参加する意味が異なれば、当然、実践を共有していくことは難しくなることは確かである。もちろん、レイヴら（1991）が言っているようにコミュニティのメンバーは異なる関心を寄せ、活動に多様な形で参加をし、様々な考えを持っていると考えられる。したがって、コミュニティでは、多層的レベルでの参加が見られても当然である。しかし、コミュニティを継続していくためには、どのような形であっても実践を共有することが必要とされる。実践を共有できなければ、それは、単なる人の集合状態にしかならない。したがって、A作業所において真の意味での実践のコミュニティを形成していくためには、実践の意味を共有できる新たな活動を生成していくことが必要とされていたのだ。

　この章で紹介した事例は、このあと研究のフィールドとなった「Re〜らぶ」という福祉のコミュニティに参加する意味をめぐり、いかに実践を共有していくか、つまり、参加者が自分とコミュニティにとってどういう意味があるのかについての共通理解可能な活動システムをいかにコミュニティの中で構築するかという課題を提起するものとなる。「Re〜らぶ」ではその活動の意味を「居場所」から「就労の場」へ変える試みが行なわれたが、どのような実践を行ない、実践や場の意味を共有可能なコミュニティに作り変えていったのかを明らかにしていくことが次章以降の研究の目的となる。

　最後に、筆者のフィールドワークの終了後、A作業所は高次脳機能障害者を支援する先駆的な施設として新たな目的のもと実践を行ない、これまで多くの高次脳機能障害者を支援してきたことをここに付け加えておく。

文献

Lave, J. & Wenger, E. 1991 Situated Learning: Legitimate Peripheral Participation. Cambridge: Cambridge University Press. 佐伯胖（訳）1993　状況に埋め込まれた学習－正統的周辺参加－　産業図書.
国立身体障害者リハビリテーションセンター　2004　高次脳機能障害支援モデル事業報告書－平成13年度から平成15年度のまとめ－.
ソーヤーりえこ　2006　社会的実践としての学習－状況的学習論概観－　上野直樹・ソーヤーりえこ（編）　文化と状況的学習　実践、言語人工物へのアクセスのデザイン　pp. 41

-89 凡人社.

第3章　福祉のコミュニティ・「Re〜らぶ」の実践とその内容

この章では第4章からの研究のフィールドとなる「Re〜らぶ」について紹介する。

第1節　「Re〜らぶ」の概要

1.「Re〜らぶ」とは

「Re〜らぶ」とはNPO法人「Re〜らぶ」が運営する障害者自立支援法[注1]に基づく障害者福祉サービス事業のうち事業所内において雇用契約は結ばないが事業所内において就労の機会や生産活動の機会を提供するとともに一般就労に向けた支援を行なう就労継続支援B型事業を行なっている福祉サービス事業所である（写真3−1）。利用者は高次脳機能障害者をはじめ、地域に住む知的障害者や広汎性発達障害者、及び精神障害者など29名（平均年齢40.4歳）が利用している。その内訳は、高次脳機能障害者が9名、広汎性発達障害者を含む知的障害者が15名、精神障害者が4名、身体障害者1名である（表3−1および写真3−2）。利用者の年齢構成は表3−2の通りである。スタッフは、代表（NPO法人「Re〜らぶ」代表兼務）、サービス管理者1名と職業支援員1名、生活支援員1名[注2]

（注1）障害者が地域で安心して生活できる社会、自立と共生の社会の実現を目指して2006年4月障害者自立支援法が成立し、これまでの福祉制度は大きく改革されることになった。そのポイントは①障害施策を3障害一元化、②これまでの33種類に分かれていた施設体系を6つの事業からなる利用者本位のサービス体系に再編、③就労支援の抜本的強化、④支給決定の透明化、明確化、⑤安定した財源の確保などにおかれた。この中でも特に注目されたのは、従来の障害者福祉サービス体系を大幅に変更し、障害者が「もっと働ける社会」を目指して就労支援に向けた新しい事業を創設して、障害者の就労を福祉の側から支援する仕組みの構築が図られたことである。これにより従来の福祉施設における就労支援のあり方は大きな変化を求められることになった。現在は、2013年4月に施行された障害者総合支援法を中心とした障害者福祉制度になっている。

（注2）それぞれの役割は以下のとおりである。サービス管理責任者とは、所定の障害福祉サービスの提供に係るサービス管理を行なう者をいう。具体的には、利用者の個別支援計画の策定・評価、サービス提供のプロセス全体を管理する役割を担う。職業支援員は障害者が利用する施設で、職業上の技術を習得させる訓練や指導を行なう。また、生活支援員は、利用者の生活援助や訓練が仕事の中心になる。生活習慣が身につくよう指導するほか、施設内作業の指導や各種行事の立案・実行、さらには保護者、関係機関との調整などを行なう。

写真3-1 「Re〜らぶ」の外観

写真3-2 利用者とスタッフ

表3-1 「Re〜らぶ」の利用登録者（定員20名に対し登録者29名）

障害	高次脳機能障害	知的（広汎性発達障害も含む）	精神障害	身体障害
利用者数	9名	15名	4名	1名

表3-2 利用者の年齢（平均40.4歳）

年代	〜20代	30代	40代	50代	60代
利用者数	7名	9名	4名	6名	3名

注：(2011年3月当時)

そのほか事務員1名、調理師1名である。

2. 「Re〜らぶ」の歴史

「Re〜らぶ」は2001年からその歴史は始まる。当初、「医療と福祉の谷間の障害」と言われ、まだ医療や福祉の対象外であった高次脳機能障害者の家族とボランティアが交流を図りながら、当事者の社会的自立が果たせるように「支援する会」として誕生したのがはじまりである。

1990年代後半からマスコミなどで高次脳機能障害について報道されるようになり、札幌の当事者家族の呼びかけにより、同じ障害を持つ当事者・家族が出会うことになった。その当時、高次脳機能障害の当事者は社会復帰が難しく、福祉のサービスもないまま行き場を失い家に引きこもりがちであった。そして、高次脳機能障害者を持つ家族は、さまざまな悩みを抱えて苦しんでいた。当事者を抱え

る家族は自分たちが持っている悩みを打ち明ける場がなく、また、行政からの支援がないまま、当事者と共に孤立の状態であった。このような状況の中、当事者と家族が支えあいながら共に向き合っていく場所が必要であるという認識のもと、2001年10月、自分たちで福祉の団体を設立しようとその準備委員会を発足させ、2002年３月に「北海道高次脳機能障害者を支援する会」を設立した。それと同時に、この障害に対する診断基準がないため福祉のサービスが受けられず自宅で生活を送るしかなかった当事者の日中の居場所として「小規模作業所」が作られた。この支援する会及び作業所はこの障害に理解を示してくれた方の家の２階にあった６畳一間を使わせてもらうことになった。この活動の場が正式に市から認可を受け、「作業所」となったのは、それから１年後であり、６畳一間の作業所から移転したのはその年の６月であった。現在「Re〜らぶ」がある同じ地域の商店街のはずれの奥まったところにあった空家の２階に作業所は移転し、作業所の活動の場所は確保することができるようになった。作業所は「支援する会」が運営する形式をとっていたが、作業所の活動内容は、「支援する会」の活動とほとんど分けられることはない。支援する会の目的は、次のとおりであった。

> 「この会の目的は、高次脳機能障害者が、家族や支援する方々や地域の方々との交流を図りながら、社会的自立が果たせるよう支援するとともに、広く社会に理解を求め、福祉の向上を図ることを目的とします。この目的のために、会員相互間の情報交換や親睦を図ることにより、この障害を広く社会に理解されるよう、より広く活動を行なう。」 　　　　　　　　　　　　　　　―支援する会のパンフレットより―

　この目的のため会の活動は、当事者の社会的自立や福祉の向上を計るために行政機関や福祉関係などに支援を求める運動を行なったり、大学病院や障害者職業センターとの連携を図ることとされた。また、相談窓口を設け、高次脳機能障害をもつ当事者や家族の相談を受けることを行なった。この他、各種バザーへの参加、石けんや木工などの自主製品の製作、販売を行なっていた。常時、通所してくる利用者は３名で、その他、不定期に通所してくる利用者が数名いた。いずれも、20代から40代の男性であった。スタッフは、当事者であるメンバーの家族たち４名で、「支援する会」と作業所の運営に当たっていた。この他、ボランティ

表3-3 「Re～らぶ」のあゆみ

2001年10月	設立準備委員会発足（民家の2階6畳一間で活動をスタートさせる）
2002年3月	北海道高次脳機能障害者を支援する会設立 上記会が小規模作業所「Re～らぶ」を設立、運営開始
6月	地域の商店街のはずれに移転
2003年4月	小規模作業所「Re～らぶ」札幌市から補助金を受ける
2003年9月	地域の商店街の中心地へ移転
2004年12月	NPO法人「Re～らぶ」設立
2005年4月	北海道高次脳機能障害者を支援する会を解散し運営資金、施設などNPO法人「Re～らぶ」が継承。NPO法人「Re～らぶ」が小規模作業所「Re～らぶ」を運営する
2007年4月	小規模作業所から地域活動支援センターに移行する
2008年4月	地域活動支援センターから就労継続支援B型事業へ移行する
2009年3月	同じ地域の商店街の最寄の地下鉄駅近くに移転

アが、作業所に出入りして作業所の活動を支援していた。

　2003年9月、「Re～らぶ」はその事業所を地域の商店街の中心部に移転し、設立当初は利用者を高次脳機能障害者に限っていたが、地域の障害者の社会資源が不足していたこともあり利用を希望する知的障害者や精神障害者も少しずつ受け入れるようになっていった。2004年12月に2006年4月から施行される「障害者自立支援法」による制度改革に対応すべくNPO法人「Re～らぶ」を設立させ、翌年4月に「北海道高次脳機能障害者を支援する会」を解散し、NPOがその運営資金や施設を引き継ぐとともに小規模作業所「Re～らぶ」を運営することになった。2007年4月からは小規模作業所から障害者が地域において自立した日常生活や社会生活を営むことができるように創作的活動や生産活動の機会を提供し、社会との交流の促進を図るとともに日常生活に必要な便宜の供与を行なう施設である地域活動支援センターに移行したが、翌年の4月には事業所内において雇用契約は結ばないが就労の機会や生産活動の機会を提供するとともに一般就労に向けた支援を行なう就労継続支援B型事業に福祉サービスの形態を変えていった。

第3章　福祉のコミュニティ・「Re～らぶ」の実践とその内容　53

第2節　就労継続支援B型事業所「Re～らぶ」の事業内容

2011年当時の「Re～らぶ」の事業内容について説明をする。2011年度の事業計画の冒頭には以下のことが書かれている。

> 2011年度は国が現在、平成25年度に障がい総合福祉法（仮称）の制定を目指している等障がい福祉分野が大きな転換期を迎えようとしている中で、情報を的確に収集し、いち早く対応できるように図っていきたい。また、事業所の運営にあたっては、利用者の増加、障がい種別の多様化など、近年の中でも類を見ない変化は見られておりますが、利用者が安心して日中活動ができるよう、一人ひとりに合わせた支援計画に基づくサービスの提供をすることと、より多くの工賃が支給できるよう自主製品の販売の拡大、企業との連携の強化により授産事業の拡充を図っていきたいと思っております。
>
> ―2011年度就労継続支援B型事業所Re～らぶ事業・活動計画―

「Re～らぶ」では年度の初めに作成される事業計画のもと、その一年間の事業が行なわれる。その事業内容は、大きく分けて日常支援と授産活動支援に分けられる。

1．日常生活支援

① 個別相談支援

　　利用者のニーズに合わせて個別支援計画を作成し実施する。また、随時、利用者からのさまざまな相談に対応する。

② 医療機関との連絡調整援助

　　支援を効果的に実施するために、医療機関と連携をとり利用者の意向、現在抱えている課題を明確にして必要な医療や福祉のサービスを提供する。また、利用者が医療機関にかかる際に必要に応じて同行したりする。

③ 健康管理（薬・食事）などの援助

　　服薬や食事制限がある利用者などに対し、定期的な服薬や食事のコントロールができるように援助する。

④ 日常生活に必要な援助

利用者が地域で安心して生活を送れるように、利用者及び家族への相談、援助を行なう。利用者や家族の同意のもと必要に応じて行政等の関係機関へと働きかける。

⑤ ハローワークなど関係機関などとの連絡調整

一般就労を希望する利用者に対し、ハローワークなどの就労支援施設と連携をとり就職支援を行なう。

⑥ コミュニケーション支援

絵本の読み聞かせや音楽活動やミーティングなどを通し、メンバー間の交流を促すと共に利用者のコミュニケーション力の向上を支援する。

⑦ 地域との交流活動

地域活動に参加し、地域の資源、人々と交流する。

⑧ レクリエーション活動

職場旅行の実施をする。その他年に数回、レクレーションを企画、実施をする。

2．授産活動支援

① 自主製品の生産・加工・販売

これらの製品は市内にあるアンテナショップやバザーで販売される。石けんは大手ドラックストアでも売られている。最近は、ネットでもこれらの製品を販売して地方発送も行なっている。主な自主製品は下記のとおりである。

・石けん（eco石けん、ホエイ石けん、ホエイラベンダー石けん、泡立てネット付きホエイ石けん、よもぎ石けん、バラ石けん、さらりんこ）を製造する。

・手作りお菓子（元祖ごません、黒ごません、白ごません、金ごません、ソフトかりんとう）

② 授産事業下請け作業

企業からの委託を受け、会葬商品や贈答品の箱づめ、加工業務を行なう。その他にダイレクトメール封入、商品ケース袋入れ、製品封入などの下請け作業を行なう。

第3章 福祉のコミュニティ・「Re〜らぶ」の実践とその内容 55

写真3-3　Re〜らぶの石けん

写真3-4　ごません

写真3-5　かりんとう

写真3-6　受託事業：警備の様子

③受託事業

　　地域のお祭りなどの警備業務を受託。現在、その他に市から委託を受けての畑の刈り取り、種まきなども行なうことがある。

参考資料として、表3-4に工賃の月平均額とその年度別推移を示しておく。

3．一日の活動の流れ

「Re〜らぶ」の一日の流れは表3-5とおりである。

「Re〜らぶ」の活動開始時間は10時からである。スタッフは9時には来ているが、時折、スタッフより早く来て、事業所が開くのを待っているメンバーもいる。多くのメンバーは9時40分頃に来る。10時になると事務所内の清掃が開始される。それぞれどの箇所を清掃するのかの分担はあらかじめ決められている。10時20分

表3-4　利用者の工賃の平均（月）

年度	金額
2001年	300円
2004年	3,255円
2006年	9,725円
2008年	14,295円
2011年	17,300円

注：工賃とは、授産施設で一定の収益が発生した場合支払われる「物を製作、加工する労力に対する手間賃」のことを指す。2006年度就労継続支援B型事業所の全国平均は11,875円である（厚生労働省, 2007）。「Re〜らぶ」では事業所への出勤時間と作業内容によって工賃を算定している。2011年度においては長時間、「Re〜らぶ」で作業に参加しかつ困難な作業をした利用者では、工賃が月当たり4〜5万になることもある。

表3-5　「Re〜らぶ」の一日の流れ

10：00	事業所清掃
10：20	ミーティング
10：30	作業
11：50	片づけ、調理補助
12：00	昼食・昼休み
13：00	作業
15：50	片づけ、終わりの会
16：00	終了

から朝のミーティングが行なわれるが、当日の活動予定の確認や連絡事項が伝えられる。10時30分から作業が開始される。作業は日によって異なる。「石けんづくり」をする日もあれば、「箱おり」を行なうこともある。企業からの委託業務は納品の期日があるので優先される。また、いくつかの作業が同時に行なわれることもある。それぞれの作業にどのメンバーが担当するかは、本人の意向を確認するとともに、スタッフがメンバーのできることを見極め、本人が行なうことが可能な作業に関わらせる。昼食は、調理師の資格を持っているスタッフが作り、配膳などはメンバーが交代で手伝う。昼食代は、一人250円で、メンバーとスタッフが一緒に食べる。13時から午後の作業が再び開始される。15時50分ごろから後片づけをして終わりの会が行なわれる。終わりの会では、その日行なった作業の報告や予定などが確認され、「Re〜らぶ」の一日が終わる。

文献

厚生労働省　2007　平成18年度工賃（賃金）実績.

第4章　障害を持って人と共に＜いま＞を生きる

　第5章以降では、今回の研究のフィールドである「Re〜らぶ」の変化のプロセスについて述べていくが、それに先んじてこの章では、このコミュニティの設立当初の2003年当時、記憶に障害を持つ高次脳機能障害者が生活の場である「Re〜らぶ」においてどのように〈いま〉（＝過去のある時点における時間）を生きていたのかを述べていく。「Re〜らぶ」に通う、記憶に障害を持つ高次脳機能障害者3人の日常における行為から記憶のありようを見ていくことを通して、まずは、生活の場において記憶障害がどのように現れているのかを分析していく。これを通して、高次脳機能障害者が自分の記憶障害をどのように経験しているのか、そしてまわりの人々と共にどのような生活世界を作り上げ、生きていたのかを明らかにする。なお、本章は青木（2007）においてまとめたものに基づいているが、必要に応じて加筆・修正を行なっている。

第1節　問題と目的

1．高次脳機能障害をめぐる状況

　高次脳機能障害とは、事故などによる外傷性脳損傷や脳血管障害などの器質的病変の後遺症とする記憶障害（前向性健忘および逆行性健忘など）、注意障害（集中困難、注意散漫、半側空間無視など）、遂行機能障害（目的に適った行動計画・及び行動の実行障害）、社会的行動障害（意欲・発動性の低下、情動コントロールの障害、対人関係の障害、依存的行動、固執）などの認知障害をさしている。また、高次脳機能障害者はこのような認知障害があるため日常生活や社会的生活に制約を受けることが多い（国立身体障害者リハビリテーションセンター, 2004）。

　高次脳機能障害は外見からわかりにくく、他人に認識されにくいこと（生駒, 2004）などから「見えない障害」であるとよくいわれる。高次脳機能障害者は「運

動能力があり、日常生活動作などは比較的保たれており、また会話では異常を認められないこともあるにも関わらず、社会生活をする時に適応障害が認められる。一見すると異常がないため、家族の理解、学校や職場での理解は充分ではない。」（眞野, 2003）と指摘されている。

　2005年、高次脳機能障害について厚生労働省は初めて診断基準を設ける方針を決めた。同省の推計によると全国に高次脳機能障害者は30万人いるとみられるがこれまで明確な診断基準がなく、障害者として認定されないことが多かった（2005, 朝日新聞）。国や地方公共団体が中心となってこの障害を持つ人に対する支援システムの整備事業が行なわれ、2006年からは「障害者自立支援法」に基づき高次脳機能障害者に対する地域リハビリテーションと支援の取り組みが始まったが、いまだこの障害を持つ人が利用できる社会資源の数が少ないのが現状である。現在もなお、この障害に対する理解、及び適切に援助できる体制が整備されることが望まれている。

2．なぜ高次脳機能障害者の生活の場をフィールドとするのか

　これまで高次脳機能障害に対して認知リハビリテーションが行なわれてきた。認知リハビリテーションの目標は脳損傷に起因する機能障害を訓練によって回復に導き、ひいては日常生活、社会レベルの能力障害を軽減していくことを目標としている。しかしながら、認知リハビリテーションの効果を科学的にまたは臨床的に実証することは難しいといわれ（矢崎・三村, 2005）、受傷後1年以上経過してからリハビリテーションを受けても成果が得られにくいということも指摘されている（生駒, 2005）。また、事故後の急性期における医療機関による積極的な治療やリハビリテーションが終了すると、その後の医療・福祉プログラムの脆弱さから多くの高次脳機能障害者は障害が回復、軽減しないまま日常生活の場に戻る事が多いとされている（大村, 2004）。この「医学モデル」によるリハビリテーションでは、その効果、リハビリテーションの継続には限界が指摘されながらも、失われた機能や能力障害の回復や軽減を目的として医学的な視点から治療が行なわれてきた。したがって、日常生活の場で高次脳機能障害者は残存されている能力をいかに使って生活をしているのか、そしてまた、日常生活の場でどのように高次脳機能障害が現われているかということに注目することはこれまでなかった。

高次脳機能障害を持つ人を生活の場に帰すことがリハビリテーションの目的であるならば、その人の障害を病院やリハビリテーション施設などの限られた環境の中でのみ捉えるのではなく、本来あるべき生活の場の中で捉え、その中で障害を理解するようにすべきである。そして重要なのは、高次脳機能障害者が環境の提示する全体的な文脈をいかに捉え、その文脈にあわせて、いかに自己を実現しようとしているのかという視点である（山鳥・鎌倉, 2005）。

　現在、地域リハビリテーションやソーシャルワークにおいて従来の「医学モデル」から「生活モデル」への転換が図られている。「生活モデル」によるリハビリテーションは、まず障害者の日常生活の場に目を向け、疾病や障害に焦点を当て機能の回復や症状の軽減をしていくことで社会復帰を目指すだけでなく、当事者本人や家族を全体として捉えて「生活のしづらさ」の改善を目標とするものである。その目的は、障害者の主体的な生活の獲得と自己実現に向けられる（大村, 2004）。限られた環境としての医療機関の中だけでリハビリテーションをするのではなく、すでに持っている力、残された能力を使い、地域社会においてどのように人との関係を作りながら社会参加し、自分らしく生きていくのかという視点が新たにリハビリテーションに導入され、それを支援する場が現在必要とされている。

　これらの議論をふまえ、生活の場で高次脳機能障害者の記憶障害が具体的にどのように現れるのかを見るということ、そして、その一方で、彼らが障害を持ちながらも、今ある力を使い、どのように人との関係を作り生活をしているのかという視点を持つこと、そしてそれをフィールドワークによって明らかにしていくことは医学的にも社会的にもそして、今後の支援を考えていくためにも意義があると考えられる。

3.「経験」として障害を捉える

　ヴィゴツキー（Vygotsky, 1982）によると、障害は一次的障害（生物学的基礎を有する障害）と二次的障害（一次的障害を基礎として社会的環境の中で生じる障害）からなると言う。彼は、盲人を例にあげ「心理学的事実としての盲は、盲人自身にとってはまったく存在しない」（邦訳, p. 19）、「盲は盲児にとって正常な状態であって、病的な状態ではない。盲は盲児には、自分に反映される社会的

結果として、間接的に、二次的にのみ感じられる」（邦訳, p. 20）と述べた。つまり、盲という機能障害、「見えない」という能力障害を、盲人自身が盲を障害であると「経験する」のは二次的障害としてであり、それは社会的な環境の中で経験されるものである。要するに、障害が障害として外面化するのは一次的障害だけで説明できるのではなく、どのような障害者へのサポートが用意されているかということでも決まってくるということである。もちろん一次的障害そのものが変わるわけではないが、二次的障害は個人と社会との関係の中で生じるのである。

　また、上農（2003）は、障害を固定的、実体的な「もの」とは捉えずに関係概念的な現象、つまり、出来事＝「こと」として捉えるべきであると言う。身体が持っている機能という実体的属性が確かにあり、できることとできないことはそれとして存在はするものの、その事実を障害とするか否かは社会と個人の意識の中でそれをどのように価値づけをするかということに関わってくる。形成された価値観は、人の行動を支配し、人の世界に対する態度や感じ方を方向づけていく。この価値観のもと人は社会の中で障害を経験する。

　以上の二つの障害観は、どちらも障害を心身の機能障害や能力障害と捉えるのではなく社会との関係の中で考えていく必要性を主張している。これらの議論をふまえ、本研究では、高次脳機能障害者が日常生活場面でどのように高次脳機能障害を経験しているのかに注目する。

4．高次脳機能障害者の「記憶障害」

　2001年から厚生労働省により高次脳機能障害の診断基準の確立と支援プログラムの開発を目的とした高次脳機能障害モデル事業が行なわれたが、この事業の中で集積された高次脳機能障害者のデータの集計結果によると、その90％の人が記憶障害を持っている。記憶障害は、一見軽度に見えても日常生活や社会生活、また職業上、さまざまな困難を生じやすい。そのため記憶障害を持つ高次脳機能障害者の社会復帰を難しくしている（前島ら, 2002）。したがって、本研究では高次脳機能障害の中でも特に記憶障害に注目することにした。

　本研究では、記憶障害をその人の日常生活における現在の行為からみていこうとするがその理由は次のとおりである。

第4章　障害を持って人と共に＜いま＞を生きる　61

　現在、「記憶とは過去経験を保持し後に再現して利用する機能で符号化（記銘）、貯蔵（保持）、検索（想起）の3段階からなる」（森, 1999）とする従来の記憶論のもと神経心理学的検査法により記憶障害の評価は行なわれている。この評価は覚えるべき情報をどれだけ貯蔵でき検索し再現できるかという視点で行なわれているが、これでは生活する場において記憶障害がどのような現象として現れるのかは不明のままであり、俗に言う「記憶力」が問われているにすぎない。

　従来の記憶論では記憶の捉え方について少なくとも二つの問題が潜んでいると考える。一つは、記憶を「もの」的に捉える点である。現在に至るまで多くの記憶研究は、記銘、貯蔵、検索できる量やそのメカニズムに探求の焦点をあてて行なってきた。そこでは個体中心主義的な情報処理モデルのもと、記憶は個人内部で貯蔵されるもの、それを入力出力したものとされ、記憶は自然的状況での人間の活動、社会的な文脈から切り離された「もの」のように扱われてきた。つまり、どれだけ覚えられるのか、いかに再現できるかに研究の焦点が置かれ、人間が生活する場においてどのように記憶が関わっているのか、現在を生きる人間にとって記憶が果たす役割は不問のまま、記憶は人間の生とは無関係の「もの」のように扱われてきたのである。

　もう一つの問題は、時間の存在の実体化という点である。心理学の研究の多くは、時間軸の存在を前提に行なってきたが、従来の記憶論でも記憶は記銘→保持→再生という一方向的な時間軸上で考えられ、この意味において過去→現在→未来へと流れる時間は自明なこととされてきた（大橋, 2004）。そこでは、現在を生きる私たちにとって今ここにおける体験として過去や未来がどのように立ち現れるのかは問われることはない。大橋（2004）は、時空間に定位される人間にとって知覚されるのは現在であり、過去と未来は知覚されるものではなく、その存在は過去を「想起する」ないし、未来を「予期する」ということによって立ち現れると言う。したがって、過去→現在→未来という時間の存在を実体化する従来の記憶論では問題が潜んでいることになる。

　また、「生態学的妥当性」を重視すべきであるという主張からはじまった日常記憶の研究は、日常場面においていかに記憶が機能しているのかを明らかにしようとしてきた（森, 2001）が、大橋（2004）が指摘するように従来の記憶論の記銘→保持→再生という時間の流れのまま問題を捉えており、従来の記憶研究のパラダイムがそのまま残されているといえる。

人間精神への社会文化的アプローチ（Wertsch, 1998）では、人間精神を主体が外部世界と能動的に関わる行為を分析のユニットにすることで人間精神を個人の内部だけで説明することから抜け出すことが可能になると考える。そもそも人間精神は社会的な活動にその起源があり、それは文化的、制度的、そして歴史的文脈に結びついているとされる。もちろん記憶も人間の精神活動であるので、記憶は社会の中の具体的な文脈の中で生起する行為として見なければならず、したがって、記憶障害も生活の場における行為という観点から見なければならない。

本研究では、フランスの哲学者であるベルクソン（Bergson, 1896, 1975）の理論に基づきながら記憶について検討する。なぜならベルクソンは記憶を従来の心理学の時間軸上ではなく、現在という視点から捉え直し、さらには記憶と行為の関係も視野に入れており、それは社会文化的アプローチにも通じることになり、それは本研究にとっての理論的ガイドになりうるからである。ベルクソンは生の哲学の中心を担った一人であるが、記憶を人間の生から全く切り離された外的事物とみなし、自分たちの生の営みからいったん分離して分析する自然科学の手法とは異なったかたちで捉えようとした。

ベルクソンは、知覚との関係から記憶とは何かを明らかにしようとする。彼によると知覚は純粋な認識ではなく、現在行ないうる行為、現在起こりつつある行為であるとする。行為は知覚を組み込んでおり、知覚は行為の文脈で捉えなければいけない。そしてその知覚は記憶と切り離しては論じることはできない。私たちが知覚するものには、常に記憶が結びついており、知覚は現在の状況にもっとも有用な記憶を選び出してくる。そうして知覚された対象を過去の経験によって解釈し、私たちにとって行為を意味のあるものとするのである。つまり、私たちは行為する時、記憶の中から現在の行為に有用なものを想起して行為するのである。したがって記憶は行為という視点から見ることができる。ベルクソンは、記憶を「もの」的にではなく「こと」として捉えようとする。

また、ベルクソンにとって記憶とは現在において過去、そして未来をつなぐものである。私たちは、現在という時間において過去を想起し、一方で未来を予想、予定し、未来に行なうことを意図する。つまり、現在において過去そして未来が立ち現れるのは、過去を「想起する」、未来を「予期する」ことによってである。

本研究では個人の経験、人にとっての過去の出来事に関する記憶を過去記憶、未来に行なうことを予定し、意図する行為の記憶を未来記憶と呼ぶ。これらの記

憶は、現在という時間において私たちの行為と関係するものである。私たちが行
為をする時には、記憶の中から行為に有用な過去記憶や未来記憶を想起し、行為
を行なっている。

5. 研究の目的

　以上のような問題意識から、本研究では以下のことを目的とする。記憶に障害
を持つ高次脳機能障害者が日常生活の場においてどのように記憶を想起し、行為
を行なっているのかを分析し、記憶の障害がどのように現れているのか明らかに
する。そして次に高次脳機能障害を持ちながらもまわりの人々と共にどのように
生活をしているのかを描き出す。そして、最後に高次脳機能障害者が記憶障害を
どのように経験しているのか、そして高次脳機能障害者が記憶障害を持ちながら
もまわりの人々と作り上げている生活世界の意味について検討を行なう。

第2節　方法

1. フィールドの概要とインフォーマント

　本研究のフィールドは、高次脳機能障害者のために作られた小規模作業所「Re
〜らぶ」（当時は小規模作業所であったが、現在は就労継続支援 B 型事業所に
サービス事業を移行している。）である。「Re〜らぶ」の活動は、通常、半日の
月曜から金曜、10時から16時までとなっている。作業所でよく行なわれる作業の
内容は、石けん作りや木工、パソコン作業などである。
　常時（2003年度）、通所してくるメンバーは 3 名で、その他、不定期に通所し
てくるメンバーが数名いる。いずれも20代から40代の男性である。スタッフは当
事者であるメンバーの家族たち 4 名で、「Re〜らぶ」の運営に当たっている。こ
の他、ボランティアが常時、作業所に出入りして「Re〜らぶ」の活動を手伝っ
ている。本研究でのインフォーマントは、筆者の観察中ほぼ常時、「Re〜らぶ」
に通所していたメンバーで20代半ばから30代前半の男性 3 名（それぞれ人見さん、
高井さん、安田さん（仮名）とする）である。この 3 名の医療データは表 4 - 1
のとおりである。

表4-1　メンバーの医学的評価（2003年）

仮名（年齢／性別）	人見さん（33／男性）	高井さん（32／男性）	安田さん（27／男性）
診断名	高次脳機能障害	高次脳機能障害	高次脳機能障害
現症	記憶障害 注意力低下など	記憶障害 注意力低下など	記憶障害 注意力低下など
損傷部位及び画像 診断の評価	左側頭葉損傷 左側・頭頂葉損傷 びまん性軸索損傷	左側頭葉損傷・脳室拡大 左側脳溝拡／大脳半球萎縮 びまん性軸索損傷	右側頭葉損傷
知能検査 （WAIS-R）	FIQ　92 VIQ　82 PIQ　109	FIQ　71 VIQ　59 PIQ　92	FIQ　85 VIQ　74 PIQ　108
三宅式記銘力検査	有意味　9-9-10 無意味　0-3-4	有意味　3-4-7 無意味　0-1-0	論理的記憶・短文即 時再生の低下・ベン ト視覚記銘検査で
リバーミード行動 記憶検査	16	14	の記憶低下が認めら れる（医師の所見）
受傷原因	交通事故	交通事故	交通事故
受傷後の年数	12年	17年	9年

　この3名は受傷直後、意識不明の状態が数日間続き、意識が回復してからもしばらくの間は高次脳機能障害の症状も重篤であった。しかし、時間がたつにつれ、事故直後の障害像からかなり変化した。3名とも医療機関において、高次脳機能障害と診断され、記憶障害が認められている。一方、日常生活動作は自立しており、受傷後、就労支援を受け就労した経験はあるが、現在は「Re～らぶ」に通所している。

　彼らは、ルポルタージュやテレビのドキュメントに出てくるような重篤な高次脳障害を持つわけではない。ルポルタージュやテレビに出てくる高次脳機能障害者たちに比べて作業所に通っている彼らは「軽度」であり、彼らのどこに障害があるのかは容易にはわからない。記憶障害も日常生活においていつも見られるわけではない。本人たちは障害を持っていることを他者から理解されない事が多く、「障害者と見られないから困る」とか「障害は人、様々。だから困るんだよね」と言い自らの高次脳機能障害が他者に理解されることが難しいことを言及することがある。

　このことを端的に表す一つのエピソードがある。メンバーの一人、安田さんは、

テレビ局から高次脳機能障害についての番組制作のため取材を申し込まれたことがある。この番組のために一ヶ月ほど、安田さんの日常の様子をビデオに記録されることになり、そのビデオの数は200本に及んだという。しかし、安田さんの日常からは、高次脳機能障害といえる様子がわかりにくかったので、大学病院で安田さんの脳画像を写し、さらに記憶力テストを行っている場面のみをテレビに放映し、安田さんの高次脳機能障害の説明が行なわれた。結局、安田さんの日常を記録した200本に及ぶテープは使われることはなかった。それだけ安田さんの障害は日常生活において「見えない」のである。

2．筆者とインフォーマントとの関わり

　2003年の春、筆者はほぼ週一回の割合で、長期の休みなどには集中的に「Re〜らぶ」を訪問し、ボランティア兼調査者として主にメンバーと作業所での活動を共にしてきた。「Re〜らぶ」には毎回、ボランティアが数名来ていたが、作業所の活動の後方支援やスタッフの作業の手伝いをすることが多くメンバーと一緒に活動することは少なかった。したがって、いつもメンバーと一緒にいて活動を共にしている筆者は、「Re〜らぶ」のメンバーと間違われることがたびたびあった。また、メンバーとは年齢が近いこともあって「Re〜らぶ」以外でも会うことがあり、食事や買い物に出かけたりすることもあった。また、電話やメールで連絡をとるなどして、お互いにプライベートなことを話したり相談したりすることがある。

3．調査の手続き

　2003年4月より12月までの全43回、「Re〜らぶ」の開始時（10時）から終了時まで参与観察を行なった。筆者はボランティア兼調査者という立場で作業所の活動に参加したが、このことは「Re〜らぶ」のスタッフ及びメンバーも了解していた。参与の仕方は一貫して、一人のボランティアとして、メンバーと共に日常の作業所の活動に参加した。
　データの収集の方法は、ミーティングの場面ではできる限りその間の発話を筆記で記録するようにした。しかし、その他の活動において筆者はメンバーと共に

活動しており、また、場の雰囲気が不自然になるのを避けるためにメモやビデオなどでの撮影は行なわなかった。そのため帰宅後、記憶をもとにフィールドノーツをつける形をとった。現在では、フィールドで行動観察をする時には AV 機器を利用することが通例であるが、本研究のようなフィールドノーツのみによる事例研究でも、「日誌研究」の長所、すなわち、1）「多種の行動の力動性を保ちつつ明細化しやすくなり、行動の流れやその背景をなす文脈がつかまえることができる」、2）「いつ生起するかわからないが重要な自発的行動を発見し、拾い上げることができる」（やまだ, 1987）といった長所を十分発揮できると判断し、AV 機器を利用したデータは用いていなかった。

第3節　結果と考察

1．生活の場で「見える」記憶障害

　本研究では、メンバーたちが作業所で現在において行為する時どのように過去記憶や未来記憶を想起して行為を行なっているのかを分析する。その結果から、生活の場である作業所においてメンバーたちの記憶障害がどのように現れているのかを、ここでは述べていく。

　「Re〜らぶ」においてはスタッフがその日の予定を計画し、メンバーに対して細部にわたる指示と支援によって作業所の活動は行なわれている。作業所ではメンバーが独力で何かを計画し活動することはほとんどないが、メンバーは作業所の活動に参加し、何らかの行為を行なっている。この限りにおいては、メンバーがスムーズに行為をしているため、彼らの記憶の障害が見えてこない。メンバーの記憶障害が「見える」のは、行為に「何らかの」支障がでてくる時で、それが「いつも」ではなかった。メンバーの記憶障害が「見えた」事例を紹介する。

（1）空白になる過去

　私たちは過去において自分が経験したことを現在においてすべて想起できる訳ではもちろんない。もし、想起できない過去の自分の写真や映像、あるいはその時に自分が記録したモノなど、その時自分がそこにいたという何らかの痕跡を見せられても、その時の身体の感覚、感情の記憶が想起できなければ自分の過去の

記憶にリアリティを感じられないのではないだろうか。

　過去記憶の中でも個々人が個々の場面で体験する出来事の記憶をエピソード記憶というが、浜田（2002）は、このエピソード記憶は、ある時空のなかに「私」の身体があり、その身体の場所から出来事を体験したという身体的な「パースペクティブ性」を帯びていると言う。そしてこの記憶によって私たち個々の生活史が編み出され、私たちの「物語の記憶」となっていくと言う。「物語の記憶」によって私たちは、時間の持続を感じ、人はアイデンティティを支えていくことができるのである。例えば、泥酔状態となりその時の状況を覚えてなく、他者からその時の自分の様子を聞き、それに対しわずかでも「パースペクティブ性」を持ち、あるいは自分の「物語の記憶」の中にその話を重ねることができるのなら「それは自分が経験したことである」という何らかのリアリティを感じることはできるだろう。そもそも、私たちは自分の過去をすべて想起できないのだが、日常の行為に支障が出ない限り、それに対して特に問題を感じるわけではない。想起できない過去があっても時間の持続を感じることができれば、自分が過去にそこに存在していたという何らかの「感覚」を持つことができるであろう。

　もちろん、メンバーも、私たちと同じように過去において自分が行なった行為を想起できないことがある。しかしながら、メンバーは自分が想起できない過去の経験、自分の様子を人から聞いてもリアリティを感じられずにいることがある。過去との持続を感じられないのである。ここが記憶障害のない人々との違いである。

エピソード 4 - 1

（背景）

　作業所が地域の夏祭りにおでんや焼き鳥、ホットドックなどの屋台を出店した時のエピソードである。その時、メンバーと私は一緒に屋台の「売り子」をしていたのだが、少しでも売上を上げようと屋台に留まらず、お祭り会場に来ているお客のテーブルをまわり注文を受けたり、注文を受けたものを屋台から受け取り配達する仕事をした。夜になりお客の数も増え、私たちの仕事もさらに忙しくなった。安田さんと私は二人一組になって販売することにした。安田さんはお客から注文を受けても特にメモなどをとることはなかった。数回、屋台に戻ってきた時に自分が受けた注文を私に確かめることがあったが、お客からの注文を間違うことはほとんどなかった。二人でお客から注文を受けそれを取りに屋台に戻ろう

とした時、一人の女性が安田さんに声をかけてきた。
（エピソード）

　「さっき、おでん３本頼んだの忘れているでしょ。」と家族と一緒に来ている女性が安田さんに突然声をかけてきた。私と安田さんは二人でいるのにその女性は、私の方は一切見ないで言う。私はその女性から注文を受けた覚えはなかった。先ほど少しの間、安田さんが一人で注文を受けていたことがあったので、私はその時に安田さんが受けた注文だったのかと思った。

　安田さんは「え？」と言いその女性を見た。しかし事情が飲み込めないような顔をしている。安田さんはそれ以上返答できないでいる。その女性は今度は怒ったように「だいぶ前に頼んだでしょう？」と再び安田さんに向かって語気を荒げて言う。しかし安田さんは口に手をあてたまま困惑した表情をしている。女性の横にいた男性が「もういいでしょ。」と女性をたしなめるが、女性は「覚えていないの？」と続ける。しかし、安田さんは先ほどと同じく困惑した表情のままである。

　私は安田さんの横にいてずっと二人の会話を聞いていたのだが、安田さんの表情と対応からは、安田さんがその女性からそもそも注文を受けた事実がないのか、それとも女性が注文したのは事実であり、それを安田さんが忘れたのか判断がつかなかった。女性もそんな安田さんの様子にますます苛立ったのかさらに強い口調で「ホットドック３つでいくつ？」と詰問する。安田さんは、ますます困惑しきった顔で「えっつ、え？」と言うがそれ以上言葉が続かない。女性は「わからないの？さっき頼んだじゃない。もういいわ。」とあきらめて言う。ここではじめて安田さんは「すみません。」と言ったが、それは安田さんが今回のクレームに対して自分が適切な応答ができなかったため謝ったのか、あるいは、注文を忘れてしまって申し訳ないと思い謝ったのか私は安田さんの様子から判断できなかった。

　このエピソードにおいては、最後まで安田さんは女性から注文を受けたのかどうか判断がつかなかった。つまり、女性から注文を受けたという過去の記憶を想起できないし、それが事実であるとその女性から断言されてもリアリティを感じなくてその発言を受けとめていない。もし、そのどちらかができていて「女性からの注文を忘れていた」と思えたのならすぐに謝っていたはずだ。その一方で、安田さんは女性から注文を受けていないという「確信」を持ってはいない。その確信があれば「受けていませんが」などの応答ができただろう。過去との持続が途切れている。その過去の時間が空白のままである。空白ができた過去の記憶を想起できないし、空白ができた部分の過去の出来事を人から聞いたとしても

「パースペクティブ性」を持つことができない。瞬時瞬時をつなぐ持続の感覚が失われ過去の時間に空白ができ、それをどうしても埋めることができないため、安田さんの行為は立ち止まってしまう。この場合だとこの女性に対して応答のしようがないのである。現在の行為に有用な記憶を想起することができず、行為が停止してしまい行為に支障をきたしてしまう。つまり、自分がどのような行為をするべきなのか、あるいは目の前にいる人とどのように関係していけばよいのかがわからなくなってしまう。

　このエピソードは、比較的短時間の過去の空白ができた例であったが、もし、その過去の空白が長期に及ぶ時は、自分の「物語の記憶」が途切れてしまうことになる。そのような時はアイデンティティも脅かされてしまうだろう。ここでは、時間の持続を感じられずに過去の一部分の時間が空白になってしまう事例を挙げたが、同様のエピソードは他のメンバーにもみられる。しかしながら、付け加えておきたいのは、受傷後年数が経っているメンバーにとって、このようなことがいつも起こることではなく「時折」であるということである。

(2) 記憶の部分欠如

　「Re～らぶ」のメンバーの場合、先述したように自分が過去において経験した出来事の記憶である過去記憶を想起できない訳ではない。しかしながら、やはり「時折」ではあるが、過去記憶の中の一つの出来事の一部分が想起できないことがある。

　ここでは人見さんのエピソードから記憶の「部分欠如」を示す事例を紹介する。

エピソード4-2
（背景）
　メンバーは全員タバコを吸うのだが、メンバーはタバコの箱についているロゴを集めて抽選でカメラが当たるキャンペーンに応募しようと、タバコを買ってはその空き箱をとっていた。私はメンバーから空き箱を受け取り、そこからロゴを切り取りとりまとめておく役割だった。もともとキャンペーンに応募するのが好きであった人見さんは、タバコを買ってきては私に箱をくれていた。そして、道に落ちていた箱を拾ってきてまでも私に箱をくれることがあった。一週間ほど私は作業所を休んだが、以下のエピソードは一週間ぶりに、私が作業所に行った時のものである。

（エピソード）

　ちょうど12時をまわった頃だった。メンバーと私は昼食をとろうと作業所のテーブルに集まり、それぞれ持参してきたお弁当を出していた。しかし、人見さんはお弁当を出したものの、先ほどから自分のカバンの中にある何かを一所懸命探していた。しばらくするとそれが見つかったらしく私たちに話し掛けてきた。「どなたか KOOL の空き箱を集めていませんでしたか？」と言い、カバンの中からタバコの箱を取り出して私たちに見せた。それを見て高井さんが「青ちゃん（筆者注：私（筆者）のこと）が集めている」とすぐに答えた。すると人見さんは、私にタバコの箱を渡してくれた。

　人見さんは、作業所でタバコの箱を集めていたことは想起できている。それがどの銘柄であったかも想起できた。だから、作業所にわざわざ家からタバコの箱を持ってきたのであろう。筆者がタバコの箱を集める役割をしており、過去に人見さんは何度も私に箱を渡してくれた。しかし、このエピソードにおいては、「誰が」それを集めていたかという行為の当事者にかかわる記憶を想起することはできなかった。つまり、あるタバコの箱についてあるロゴを集めてキャンペーンに応募するという行為、それを作業所で行なっているということは想起できたのだが、その箱を誰に渡せばいいのかは想起できなかった。一連の活動のうちある行為と行為者の関連づけができないのである。

エピソード4-3

（背景）

　私と人見さんは、作業所のその日の自分たちの作業を早く終了させ、他のメンバーの作業が終わるのを待っていた。私たちは、それぞれ昨日の出来事を話していた。

（エピソード）

　昨日、人見さんは父親と草刈りに出かけたと話してくれた。私が「どこでやったの？」と聞くと、「どこでやったかな？」と目を細め首をかしげる。場所は思い出せないようだ。人見さんはその質問にはそれ以上答えず、「でも昨日、汗びっしょりになった。雨合羽をきていたからかな。」と言う。確かに昨日は蒸し暑く、雨が降ったりやんだりしていた。そして、人見さんは、「ずっと草を刈っていたから、指に水膨れ。」と言い、笑いながら私に水膨れができた手をみせてくれた。

第4章　障害を持って人と共に＜いま＞を生きる　71

　人見さんは、自分が草刈りに行ったこと、その時の様子、そして草刈りをしたせいで手に水膨れができたことは想起できている。しかし、それをどこで行なったかという場所の記憶は想起できなかった。当時の自分の行為、そしてその時の身体的感覚はありありと想起できるようであるが、どんな空間にいたのかという記憶が想起できないでいる。つまり、自分の経験した行為と行為の空間がまとまりのある一つのシーンとして想起できていない。

　エピソード4-2と4-3は、エピソード4-1とは違い、過去の欠如、時間の持続の欠如は起きていない。しかしながら、過去の行為と行為者の関連づけができず（エピソード4-2において、誰に箱をあげるのか）、また、過去の行為を行った場所（エピソード4-3において出来事の空間）の記憶が想起できずにいる。

(3) いつどのような記憶を想起するのか

　私たちは、行為する時には、記憶を想起し、意図や目的を達成しようとする。ベルクソンが言うように現在の行為に「有用な」記憶を想起しなければならないのである。つまり、私たちは記憶を想起しなければならないのは行為する現在の「瞬間」であり、想起するタイミング、そしてそこで何を想起するのかが問題になるのである。例えば、問題を解決する時には、自分の記憶の中から何を想起すべきかが重要であり、なおかつ、それをタイミングよく想起しなければならない。問題解決に必要な記憶を想起できても、タイミングがずれ、かなり時間がたった時にそれを想起できたとしても、もはや意味をなさなくなってしまう。

　次のエピソードは、問題が発生した時に高井さんが問題解決に有用な記憶をタイミングよく想起できなかった事例である。

エピソード4-4

（背景）

　高井さんは、その明るい性格のせいか友人の数も多く、作業所の中でもよく携帯電話で友人たちと話しをしている。高井さんにとって携帯は必需品である。先日、私は、高井さんに携帯のメールの操作方法を教えた。それから少しずつであるが高井さんはメールができるようになっていった。それ以来、高井さんにとって私は携帯の「先生」になったみたいだった。わからないことがあるとすぐに私に質問をするようになった。この日のお昼、メンバーと私は昼食を食べていた。私の

横には高井さんが座っていた。高井さんは私より一足先に昼を済ませると、自分の携帯を出して私に見せようとした。

（エピソード）

　高井さんは、私に「青ちゃん、携帯が壊れた。つながらなくなってしまったのさ。」と言い私に自分の携帯を見せる。なんとかして直して欲しいみたいだった。私は、「電池が切れたのじゃないの？」と言うと、高井さんは「昨日、充電したのだけれど朝になったら携帯がつかなくなった。」と困惑した顔で私を見る。私は携帯を受け取り、携帯のボタンをあれこれいじってみたが、どこを押しても携帯の画面は暗いままである。私が「つかない」といって困り果てながら携帯をいじっていると、高井さんは前日使ったという充電器をポケットから出して私に見せてくれた。「僕、字が読めないから彼女に見せて読んでもらったのだけど、2時間以上充電をしたままだっただめだと書いてあるって。充電したままずーとそのままにしてしまったさあ。」と高井さんは言う。私はその充電器を受け取り確かめてみた。確かに注意書きにはそのように書いてあった。私は充電を長時間したために携帯が故障したのだと了解した。故障なら私が携帯を直す事はできないので、高井さんと一緒に携帯電話のお店に行って修理してもらうことにした。（以下、省略）。

　お店では高井さんから頼まれて私が店の人に事情を説明することになった。お店の人は携帯を調べてくれて意外なことを私たちに告げた。携帯は故障しておらず、単なる電池切れであり、携帯の付属品の充電器で充電し直すようにとのことだった。高井さんは、故障ではないことを聞いて安心したようであったが、私は釈然としなかった。なぜなら高井さんは「昨日、充電した」と言っていたからである。帰り道、私は先ほど高井さんから預かった充電器を返しながら「この充電器、コンビニで買ったものでしょ。2,000円ぐらいするよね？」と何気なく言った。すると高井さんは「いや、900円ぐらい。」そして続けて「買った時、一回しか使えないと書いてあった。」と付け加えた。私はそれを聞いて「でも、昨日初めて使ったのでしょ？」と確認すると「いや、前に使ったことがある」と表情を変えないで言った。

　この問題は、そもそも一回しか使えない充電器を高井さんが2回使ったために起きた。筆者は、このエピソードの最後でやっとそのことに気がついた。高井さんが、充電器は一度しか使えないこと、そしてすでにそれを一度使っているということを行為する時に想起できればこの問題は起こらなかったはずである。また、この日もこの記憶をすぐに想起できれば問題解決はもっと早くできたであろう。

行為に有用な記憶を想起すること、そして、何らかの問題が発生した時には、その問題を解決するために必要な記憶をタイミングよく想起することが必要である。このエピソードでは、高井さんはこの2点がうまくできていない。したがって、問題を解決する行為に支障をきたすことになった。

このエピソードの最後に高井さんは、「いや、前にも使ったことがある」と言ったが、今回の問題を解決した後であったので今更それを思い出してもすでに遅い。一度しか使えない充電器をもう一度使ったのがこの問題の原因であるが、「前に使ったことがある」と想起する時の高井さんはこの一連のエピソードの原因と結果に気づいた感じはなかった。このエピソードに出てくる携帯に関する記憶（昨夜充電したこと、2時間以上充電をしたこと、充電器が一度しか使えないこと、充電器は一度使ったこと、この件に関して私に今まで話したこと）、これらすべての記憶がひとつのまとまった「携帯にまつわるひとつの物語」になっていないように思われる。記憶を細切れの断片でしか想起できずに一つの物語を作ることができていない。あるいは、時間の持続がとぎれているために、一つの物語にできないとも考えられる。いずれにせよ、記憶がばらばらの状態で自分の過去の経験を組織化することができていない。エピソードの最後で、自分が問題の原因を思い出しても驚かなかったのはそのせいなのだろう。

（4）未来記憶が想起できるようになるプロセス

未来記憶は現在という時間において未来を予想、予定し、未来に行なうことを意図する記憶であるが、未来記憶をメンバーがどのように想起できるようになるのか、その時間的な経過とともにプロセスを述べていく。「Re〜らぶ」では、毎月さまざまな予定が計画され、メンバーはその活動に参加している。しかし、以下の事例のように何度もスタッフから予定を聞かされても未来記憶をうまく想起できない時がある。

エピソード4-5
（背景）
　作業所でいつものように朝の会が行なわれた。スタッフと人見さんと高井さんと私が出席した。スタッフは、ある日の朝の会で2日後にAセンターで行なわれるフォーラムにメンバーみんなで参加する予定であることを私たちに説明した。

（エピソード）

　朝の会で、スタッフはこの日の出席者であるメンバーと私に２日後にＡセンターで行なわれるフォーラムに作業所のメンバー全員で参加する予定があることを伝える。人見さんはフォーラムの日の夕方から別の予定が入っていたのだが、そのことを知っていたスタッフは、「フォーラムが終わってから、Ｂ（人見さんの行く予定になっている場所）に行けばいいね。」と人見さんに気を遣って言った。私は、メンバーの二人はそれを黙って聞いていたので予定を理解しているのだと思っていた。

　翌日の昼、私は、人見さんと高井さんに明日の午後の予定についての話題をし始めると、二人は「知らない」、「聞いていない」と言う。この日の午後、作業所のテーブルのところでスタッフは、明日、フォーラムに行くためには何時に出発するのがいいか話し合っていた。その側で作業をしていたメンバーと私たちはその話を聞いていた。するとスタッフの話が理解できなかった高井さんは「明日、何かあるの？」とスタッフに聞く。スタッフは「昨日言ったでしょ。」と驚いたように言ったが、もう一度、明日の予定を伝えた。

　当日の昼、スタッフはフォーラムに行く準備をし始めた。高井さんは「今日、Ａセンターで何があるのさ」と私に尋ねてきた。

　次の表４-２にエピソード４-５のメンバーが未来記憶を想起できるプロセスをまとめた。

　メンバーが一つの予定の日時と場所、そして予定の内容を理解し想起できるようになるには、このエピソードのように時間がかかることがある。当日になるまで理解されないでいるためにスタッフが何度か説明を繰り返さなければならないことがある。

　「Re〜らぶ」では毎月スタッフにより多くの予定が組まれ、メンバーはそれに参加している。多くの場合、予定に関して繰り返し何度もスタッフがメンバーに言うことは少ないが、そうしなくても、メンバーは、ある程度その予定について理解しているように見える。当日、予定に遅れそうになったら、作業所に遅れる旨を電話してくることもある。また、プライベートの予定と作業所の予定が重なっていたら、自分のスケジュールを調整してわざわざ作業所に来たり、その逆に、その日は用事があるので、作業所の予定に参加できないとあらかじめスタッフに言う時もある。エピソード４-５も多くの場合と同じように、スタッフはメンバーが予定を理解していると思っていた。しかし、時折、このように理解されていな

第4章　障害を持って人と共に＜いま＞を生きる　75

表4-2　メンバーが未来記憶を想起できるようになるプロセス

時間の経過	事象	メンバーの行為・想起したこと
ある日の朝の会（予定の2日前）	（スタッフ）メンバーに2日後にAセンターで行なわれるフォーラムに行く予定を伝える ⇨	メンバーは黙ってスタッフの言うことを聞いている。
翌日の昼（予定の前日）	（私）メンバーに明日午後の予定を確認する ⇨	メンバーは、「知らない」「聞いていない」と答える
（上記の）数時間後	（スタッフ）「昨日、言ったでしょ」と驚くが、もう一度メンバーに明日の予定を伝える。 ⇦	高井さんは、スタッフが翌日何時に出発したらよいのかを話しているのを聞いて「明日、何かあるの？」と尋ねる。
予定の当日（出発の直前）	（私）フォーラムがあることを教える ⇦	（作業所でフォーラムに行く準備が始まった）高井さんは「Aセンターに何があるのさ？」と私に聞いてくる。

注：⇨（矢印）は、行為の順番を示す

いこともある。したがって、メンバーが予定を理解していることは確実ではないのであるが、どの予定がわかっていて、どれがわからないかは、スタッフがその都度メンバーに確認でもしなければ、わからないのかもしれない。今回は、メンバーが予定を理解していないことをこの2日間に偶然にも明らかにされた場面があったので、メンバーにこの予定が理解されていないことがわかった。

　この事例のようにメンバーが自分たちの予定を理解するには、何度か教えられなければならない時があるのは確かである。しかし、それがどの予定の時であるかはわからない。常にではなく、「時折」である。メンバーが予定について想起できない時は、予定があること自体忘れる時もある。また、予定が「何かあった」という予定の存在は想起できても、「その予定が何であったか」という予定の内容が想起できなかったり、あるいは、予定の行なわれる場所や時間がわからなくなってしまう時もある。メンバーが予定をわかっているかどうか、あるいはどのようにわかっているのかは、スタッフはもちろんのこと、メンバー自身も明確にできないことがある。このエピソードのようにメンバーが予定をわかっているのか、わかっていないのかがはっきりするのは、自分たちの予定に関するメンバーの発言を通して、あるいは、メンバーが予定をうまく想起できずその予定に参加できないようなトラブルが発生した時である。

2.「Re～らぶ」でスタッフとメンバーが行なっていること

　メンバーは、記憶の障害を持ちながらも作業所においてスタッフやまわりの人とともに生活世界を作り、現在を生きている。ここでは「Re～らぶ」においてメンバーとスタッフがそれぞれどのような行為をしているのかを述べていく。

(1)「Re～らぶ」でのスタッフの行為──スタッフの援助の仕方──

　「Re～らぶ」の活動は、メンバーに対するスタッフの細かな指示、援助のもとで活動が展開されている。メンバーが、その日どのような活動をするのか、あるいは、その活動の段取りから、進行、そして片づけまですべてを担うことはない。その日何をするのかは、メンバーの状況、そして、作業所の作業の進み具合、これからの予定を判断してスタッフが決めることが多い。ほとんどの場合は、スタッフがメンバーに「○○さん、何々してくれる？」というような質問とも依頼ともとれる発言により、作業が開始される。メンバーは、自分に他の用事がない以外は、その発言に従っている。そして、多くの作業においてスタッフが常にメンバーと一緒にいて、一工程ずつ指示をする。メンバーも一工程が終れば、次の指示を待つ。自分から、次の工程に進めることはほとんどなく、次にどのような作業があるか把握していないことが多い。スタッフもはじめから、すべての工程を一度に説明し、指示することはしない。また、一工程の作業の終了時点においても、スタッフがその都度終わりを確認する。このようにスタッフは常にメンバーの作業の様子に目を配り、適時、指示や支援をしていく。このような作業の進め方では、メンバーがその責任を負うこと、メンバーのせいで失敗が起こることはないのである。スタッフは、「頭でわかっていても、できない。同じことを何回もいわなくてはならない」と言う。スタッフがこのように援助をしている限りにおいては、メンバーの「できないこと」、「わからないこと」は見えないようになっている。

　スタッフは、メンバーがどのようなことができないのか、どのようなことが不得意なのか、そして、何にこだわりがあるのかを、概ね理解している。「Re～らぶ」においてスタッフが、メンバーに何か作業を依頼する時、メンバーのその日の体調はもちろんのこと、メンバーが「できる」作業、あるいは、「できるであろう」、「してくれそう」と予想した作業しか依頼しない。

第 4 章　障害を持って人と共に＜いま＞を生きる　77

　このことは、メンバーが「できないであろう」、あるいは「苦手であろう」作業はメンバーにさせないようにすることと同義であるが、どうしてもそのような作業をさせざるをえない時は、何らかの支援をし、それがうまくいくように心配りをしている。

エピソード 4 - 6
（背景）
　「Re〜らぶ」は商店街のお祭りの時に屋台を出店した。メンバーは売り子をしていてお揃いのエプロンをすることになっていたが、人見さんだけエプロンをしていなかった。スタッフが人見さんにエプロンをどうしたのかと尋ねると人見さんは、作業所に忘れてきたと言う。私は、二人の横でこの話を聞いていた。私は作業所の長いすの上に誰のものかわからないエプロンがおいてあったのを思い出し、二人に教えた。スタッフは、私が教えたエプロンがある場所をもう一度、人見さんに説明した。人見さんは、それを聞いてすぐに作業所にエプロンを取りに行なった。
（エピソード）
　人見さんは、なかなか戻ってこなかった。私は少々心配になり、スタッフに「人見さん、わかったかな？」とスタッフに言うと、「さっき、人見君が作業所に取りに行ってから、作業所にいるボランティアさんに人見さんが長いすの上にあるエプロンを取りに行くからよろしくねと電話しておいたから、多分、わかると思うんだ。」と笑ってスタッフは言う。それからまもなく、人見さんがニコニコしながらエプロンを手にして戻ってきた。

　スタッフは、人見さんがエプロンの場所を聞いて「Re〜らぶ」に取りに帰っても作業所の中でエプロンを見つけるのは難しいと判断したのだろう。スタッフは、作業所に残っていたボランティアに事情を説明し人見さんが作業所に着いても困らないように段取りをしている。このようにメンバーが「できないであろう」、「苦手であろう」と予測されることはメンバー一人でさせることはない。スタッフは、「いつものこと、慣れたことは一人でもできるが、新しいこと、何か今までと違うことが発生したら一人では無理」とメンバーのことを言う。メンバーが「できない」「わからない」と感じ、作業所では困難さを抱える場面は見ることはほとんどない。

上記以外の方法でもスタッフは、メンバーが遭遇しそうなトラブルを回避する。スタッフは、メンバーが忘れること、間違うことがあっても、特にそのことについては指摘せず、そのままにして「気づかないふり」、「聞かなかったふり」をすることがある。それが、今後のメンバーの行為に支障を与えるような恐れがあれば、直接そのことを指摘することもあるが、特にそのような恐れがない時、あるいは、その間違いをスタッフが引き受けることができる時には、指摘しないでそのままにしている。スタッフは、メンバーに自分が「忘れた」ということ、「間違っている」ということをあえて自覚させないようにしているようだ。

　しかし、今までの「医学モデル」によるリハビリテーションの現場では、この「Re～らぶ」での実践とはまったく逆の対応を行なっているとも言える。例えば、「社会適応モデル」（加藤, 2001）に沿ったリハビリテーションプログラムでは、認知行動障害があるのにそれが表面化していないのならば、本人に認知行動障害を自覚させようとする。すなわち問題や失敗が生じたその場で事実を当事者に示し、その場で認識のズレを指摘することが行なわれる。障害と結果の因果関係に説明を加えて、当事者に障害の認識を深めさせようとする。そしてその都度、行動の修正を指示し、有効な行動を示唆していく。その結果、当事者が障害を自覚するようになってきたら、当事者と援助者がそれを補う手段（補償行動）を考え、環境調整を行なっていく。このようなアプローチを通して、当事者に障害を気づかせ、自覚化させていくということが行なわれている。

　「Re～らぶ」と上記のようなリハビリテーションの場での失敗や「できない」ことに対する対処の仕方の違い、つまり、前者は当事者が失敗や「できない」ことをすることを避け、もし「できない」ことが発生しても、それを自覚化させないのに対し、後者は、「できない」ことを明らかにし、本人に自覚化をさせるという対処の違いは明らかである。

　医学モデルによるリハビリテーションは、障害を訓練や治療によって軽減し、障害者個人の努力で超えられない問題は環境調整をして社会適応を目指す。したがって、上記のような障害を顕在化するアプローチは障害者が自分の障害を認識することでリハビリテーションへの動機づけや代償手段の習得が促進され、能力障害を可能な限り軽減していく可能性がある。しかし、「Re～らぶ」のメンバーは今まで何度かリハビリテーションや就労支援を受けたりした経験があるがその成果を能力障害の軽減に結びつけることが難しく就労などの新しい社会環境への

第4章　障害を持って人と共に＜いま＞を生きる　79

参加は困難であった。この「Re～らぶ」では直接、能力障害の軽減を目標にされることはないが、作業所という場において残存する能力を使いながら人々と関係を築き、メンバーの特性を理解したスタッフの支援と環境調整のもと生活のしづらさの改善を目指すアプローチを行なっている。医学モデルによるリハビリテーションは能力障害を軽減し障害者が健常者に近づくこと（要田, 2004）で社会適応をすること目標とするが、この「Re～らぶ」では個人がもつ能力障害はそのままでもメンバーにとって適切な社会的環境を作り出すことで能力障害をカバーし社会参加することを目指している。このような方向性は十分に妥当することである。

　「Re～らぶ」ではスタッフは、メンバーが苦手であること、「できない」こと、「わからない」ことを作業所で可視化することを避け、それらを補う形で支援を行なっている。したがって、メンバーの障害は見えなくなっている。スタッフのこの援助行為は、メンバーの記憶の役割を担っていると言えるのではないだろうか。メンバーは行為する時に有用な記憶を想起しなければならないのだが、メンバーは時折、行為に有用な記憶を想起できないことがある。これをスタッフが「支援」というかたちで代行している。メンバーの記憶はスタッフに分かち持たれている。

(2)　メンバーは記憶障害を持ちながらどのように行為をするのか

　「Re～らぶ」では、メンバーが何かわからないことがあっても、メンバー自らが「わからない」と言うこと、あるいは、「それは何か」などという質問が出されることはほとんどない。メンバーが仮に何かわからないことがあったとしても、メンバーは、会話において応答が適切であったり、話題を自然に変えたりするので「わからない」ことを曖昧にしてしまうことがある。しかし、会話の文脈が適切であっても、メンバーの様子や、その後の言動から、私たちは、メンバーが、本当にわかっていたのかどうか疑問を持ってしまうことがある。

エピソード4-7
（背景）
　これは私がはじめて「Re～らぶ」を訪問した日のことである。私はスタッフと話をしていると、玄関から人見さんが入ってきた。人見さんは私が以前フィール

ドとしていた作業所のメンバーで2年ぶりの再会だった。人見さんはそこで何度も会っていた人であった。人見さんがこの作業所にいるとは知らなかったのでとても驚いた。

（エピソード）

「あ、こんにちは。」と私は人見さんと久しぶりに思いがけないところで会ったために驚きながら挨拶をした。人見さんは、私の方を見て、表情も変えずに黙って頭を下げた。私の隣りにいたスタッフが「青木さん、知っている？」と人見さんに尋ねた。人見さんは、「はい。」と短く答えるが表情は変わらない。スタッフが、「青木さんと、○○（別の作業所の名）で会ったことあったでしょう？」と言うと、人見さんは、同じく「はい。」としか答えない。私は「久しぶりだね。」と笑顔で言うが人見さんの表情が変わることなく「はい。」と言うだけだった。

　このエピソードでの人見さんの応答の様子からは筆者のことを覚えていたかどうかははっきりしない。人見さんの反応の「はい」という応答だけを取り上げると、筆者のことを覚えていたように思われるが、人見さんの表情や声のトーンに注目すると筆者のことを覚えていないとしか判断できない。この後、筆者が前の作業所での人見さんとの思い出話をしたが、それを聞いている人見さんの様子からは、懐かしむ様子、筆者の話を共有している感じは受け取ることができなかった。これ以降も、人見さんは、急に前の作業所のことを話題に出すことはあるが、一度もその中で「私」が出てくることはない。人見さんが過去の話をする時は、特定の人物とのエピソードを話題に出すことはほとんどない。どこにあったかという場所の記憶や、「私は○○に行っていました」という個人的ではあるが特定の出来事ではない記憶を語ることが多い。以上のことから推測すると、人見さんは、前の作業所で筆者と会ったことは覚えていないように思えるのだが、しかし、人見さんの「はい」という応答がある限り、それが曖昧になってしまう。この他、人見さんと思い出を共有できるはずの特定の出来事を話すことがあるが、多くの場合、「覚えていない」、「わからない」などと人見さんが言う事はない。その代わり、上記のエピソードのように人見さんの応答が「はい」だけで済ますことが多い。また、人見さんからは、筆者の話に話題が追加されるようなことはない。まれに、筆者が「覚えている？」と確認しても、「はい」というだけである。

　ある時、人見さんに過去の出来事に関してこのような「はい」か「いいえ」で答えられるようなクローズドクエスチョンではなく、オープンクエスチョンで質

問をしたことがあった。人見さんは、その頃病院のリハビリの先生から言われて週に一回の割合で、家で夕飯を作っていたのだが、筆者が「先週は、何を作ったの？」と質問すると、人見さんは、少し考えたもののそれには答えず、この日、夕飯に何を作る予定であるかという話題に自分から話を切り替えてしまった。このように話題にした出来事を人見さんは覚えているのか覚えていないのか話し手はよくわからないのだが、人見さんが別の話に切り替えてしまうので曖昧なままになってしまう。他のメンバーも何か質問を受けても、その質問に対して答えないで、話題を急に切り替えてその質問の答えがわかっているのかわかっていないのか曖昧なままにしておくことがある。このことはあるメンバーから「わからなくなるとそうする」とある時教えてもらった。

　また、安田さんの場合は、母親の話によると、何を覚えていて何を覚えていないのかは、会話の中ではわかりにくいと言う。ある時、中学の時の同級生が何年かぶりに安田さんの自宅に遊びに来たことがあった。安田さんは、この時、楽しげにその友人と2時間近く家で話していたそうである。しかし、友人が帰ったあと、それまで楽しそうにしていた安田さんは、先ほどまでの様子と違い、大変疲れ果てていたと言う。どうしたのかとその理由を母親が聞いたところ、安田さんは、その友人のことは覚えているが、その友人と過去にどのように過ごしていたのか、どのような出来事があったのかは覚えておらず、楽しげに振る舞いながらその友達の話に調子を合わせていたと言う。一方的に、相手の話に合わせて2時間近く振る舞っていたので気を遣いすぎて疲れたということであった。安田さんも、覚えていないことがあっても、自分から「忘れた」「覚えていない」とは言わない。それどころか、相手の話に合わせようとするし、相手の話を拾いながら話すことが上手く相手にわからないことを気づかれることはない。言いかえれば、非常に応答性が高いとも言える。したがって、安田さんが何を覚えていて何を思い出せないのかは、会話の中ではわからないといつも一緒にいる母親は言う。

　人見さんは、「僕は、今までわかったふり、できるふりをしていました」と「Re〜らぶ」において、メンバーやスタッフの前で今までに何回か言ったことがある。私たちが、気がつかないことのほかにも、上記のようにわからないことやできない事も、「ふり」をすることで、曖昧にしてきたことがあるのだろう。しかし、日常のコミュニケーションにおいて、発話に対し適切に応答していたら、それが「ふり」であっても、他者がそれを見破るのは難しいことがある。

なぜ、メンバーは他者との関係において、自分は何が「わかっていて」何が「わかっていないのか」のかを明らかにしようとしないのだろうか？なぜ、このように自分の認識を他者に対して曖昧にするのだろうか？

　それは、メンバーが、他者との関係において適切とされている振る舞い方をしようとするからである。石川（1999）は、私たちは、社会において「適切性」にこだわるっていると指摘する。私たちは、このように「振る舞うべき」という礼儀作法、ルール、規範からずれがないように、参加している集団、社会、文化、コミュニティで適切とされている振る舞い方をしている。私たちはなぜ、適切性にこだわるのかというと、そのように振る舞うことにより、出来事の進行は予想できるようになり、物事がスムーズに流れていくことが担保されるからである。さらには、適切に振る舞うことにより、自分が参加している社会の中で自分が正しく振る舞うことができる人間だと証明することができる。私たちは、他者から与えられる「自分に対する評価」に強いこだわりを持っている。私たちには、他者のまなざし、あるいは社会のまなざしというものへの意識や自覚が非常に強くあって、それが私たちの行動の仕方に大きな影響を与えている。これはメンバーにとっても同様である。したがって、出来事をスムーズに進行させ、その中で適切に振る舞うためには、他者と共有していたはずの過去の時間を一方的に「忘れた」「わからない」とは、なかなか言えないのである。なぜなら、過去の時間を共有していた他者が自分のことを覚えている限り、自分もその過去を覚えているはずだという予期を他者が持っていることをメンバーはよく知っている。また、会話の途中で「わからない」と言うことによって、その会話の流れが一度止まってしまうことも知っている。そしてそのことは、自分が「わかっていない」ということを他者に明示することにもなる。すなわち、自分が障害を持つことを可視化することにつながり、それに対して他者から自分に何らかの評価が与えられることがあるとメンバーは知っている。矛盾するようであるが、メンバーは、高次脳機能障害者の作業所に来ながら高次脳機能障害があるということを隠蔽しているのだ。

　メンバーの「わかったふり」、「話を切り替えわからないことに直面するのを避ける」という行為が続けられる場合、現在行なわれている活動において何がわかっているのか、何がわかっていないのかを曖昧にしてしまい、なんらかの支障を後の「未来」に生み出すのではないだろうか。

第4章 障害を持って人と共に＜いま＞を生きる　83

エピソード4-8

（背景）

　メンバー、ボランティアとこの日のスタッフである高井さんの母親と私は、商
店街のお祭りの時に作業所が出店する屋台に飾るPOPをどのように作るかと話し
合っていた。「POPとは何か」についてはボランティアがこの話し合いの前に詳し
く私たちに説明をしてくれていた。私たちはわからない点は質問をし「POPとは
何か」を理解しようとしていた。その後、だれも質問をしなくなったのでそれぞ
れ説明を理解しているものだと私は思っていた。

（エピソード）

　ボランティアが高井さんに「POP書いてね。」と言う。それを横で聞いていた人
見さんが「天然物のホタテとか書いて、あと何々は何百円とか…。」と身振りを交
えておもしろおかしくどのように書けばいいのかアイディアを言う。まわりの人
は人見さんを見て笑って聞いていた。ボランティアが高井さんに「書いてね。」と
もう一度言うと、今までみんなと笑っていた高井さんは「え？」という表情をした。
高井さんの母親（スタッフ）は「わかってないわ、この子」と言う。高井さんは「お
店の前にたって、いらっしゃい、いらっしゃいとするの？」と母親に聞く。「そう
でなくて…。」と母親は高井さんにPOPとは何かをもう一度説明をする。

　高井さんも私達と一緒に説明を聞いていた。そして、人見さんがPOPのアイ
ディアを発表した時も私たちと一緒に笑いながら聞いた。しかし、このあと自分
がPOP作りを依頼され、自分がそれを実行せざるを得なくなって、はじめて高
井さんは「POPとは何か」がわからないことを明らかにしなければならなくな
った。このように現在の場面で話が「わかった」ふりをしても、その後、話がわ
からないことを明らかにしなければいけない場面に出会うことがある。自分が行
為の主体者となる時に「わからない」ことを表明せざるを得ないのである。通常、
メンバーと周りの人との相互行為はスムーズにいっているため、メンバーは何が
「わかっているのか」、「わかっていないのか」をますます曖昧なままにしてしまう。
しかし、メンバーは「わかったふり」をしたことを明らかにしなければならない
場面にこのように直面することがある。

　「Re～らぶ」でのメンバーの「わかったふり」、「話を切り替え、わからないこ
とに直面するのを避ける」という行為は、メンバーとまわりの人との相互行為を
スムーズにするが、一方で、自分自身の障害を「見えにくく」させている。

第4節　本章のまとめ

1．メンバーの記憶障害はどのように経験されていくのか

　本章では、記憶をベルクソンの記憶論をもとに考えてきた。私たちは行為する現在においてその行為に有用な記憶を想起し、行為を行なう。そして、私たちが時間の持続を感じられるのは現在において過去記憶や未来記憶を想起できるからである。この記憶観をふまえ、メンバーが行為する時にどのように記憶を想起し行為をしているのかを分析し、記憶障害がどのように現れているのかを見てきた。

　メンバーは、行為する時に有用な記憶を想起できないことがあり、それが記憶障害の経験となっていた。メンバーの記憶障害の特徴をまとめると次のようになる。メンバーは過去のある時間の記憶が想起できなくなることがあること、記憶を想起できてもその一部が欠落してしまうこと、行為に必要な記憶をタイミングよくまとまりのあるものとして想起できないこと、記憶を想起できるようになるのに時間がかかることがあることなどである。これらの記憶障害が現れた時、メンバーは自分が今何をすべきなのかがわからなくなったり、出来事の構造となる行為の行為者、場所、行為の内容、例えば、「誰が」、「どこで」、「何をする」などの一部が想起できないために結局は行為が滞ってしまったり、また、現在と過去または未来とのつながりが断続的なものとなっていた。

　メンバーは記憶障害を持ってはいるが、日常生活において多くのことを思い出せない、わからないわけではない。現在において過去そして未来のすべてがわからないのではなく、それらの時間の一部分、あるいは一つの事柄の一部分が想起できないことがある。さらには、それはいつもではなく「時折」である。それがメンバーに記憶障害として経験されるのは、現在の行為に有用な記憶を想起できず行為に支障が出る時である。

　メンバーは、スタッフのこと細かで的確な指示や、メンバーの持っている力を理解したうえでの支援のもとで「Re〜らぶ」の活動に参加し、行為をしている。スタッフ主導で行なわれているこの作業所の活動においては、メンバーの「できないこと」、「わからないこと」が私たちには見えにくくなる。つまり、メンバーの障害が見えにくくなるのである。しかし、障害を見えにくくしているのは、スタッフだけではない。メンバー自身も作業所において、わからないことがあって

も「わかったふり」をしたり、「話を切り替え、わからないことに直面するのを避ける」ことによって自分の障害を他者に見えにくくしているのである。これは、メンバーとスタッフと共に生み出した、障害を「見えなく」するための「Re〜らぶ」の活動システムである。このシステムがある限り、私たちにとって、メンバーの記憶障害は見えにくくなる。したがって、私たちにメンバーの障害が見える場合の多くは、メンバーの行為がこの作業所の障害を見えなくする「システム」外の文脈でおこり、スタッフの支援が届かないところ、メンバーも「わかったふり」などできないような場面であり、メンバーが行為の主体者として有用な記憶を想起することができないまま行為しなければならなくなった時である。

2．記憶障害を持って人と共に生きること

　現代社会では、ノーマライゼーションの思想のもと、障害を持つ人も持たない人も社会の中で共に生きることが目指されている。共に生きることは、隔離、排除、差別などのない状態で「同時代に同じ地域で共にいきること」（舘, 2005）と定義されるが、要田（1999）が主張するように健常者が「障害者と共に生きる」という視点ばかりではなく、障害者の側から「健常者と共に生きる」という視点も含まれるべきである。それは障害者、健常者相互において対等に人間としての尊厳を持って生きることを意味する。また、そこでは障害をどのように捉えるのか、そして、お互いにどのような関係を築いて生きていくのかが問われることになる。本研究では作業所という場、高次脳機能障害の記憶障害を通してこれらのことを考察してきた。

　高次脳機能障害はその障害が外見からわかりにくいので「見えない」障害という意味だけでなく、当事者、そしてそれを援助する人との関係によっても高次脳機能障害が「見えない」障害になる。

　先述した「Re〜らぶ」の「システム」が一つの例になる。この作業所では、スタッフはメンバーが苦手であること、「できない」こと、「わからない」こと、そして持っている能力や活動可能性を理解し、メンバー一人ひとりに合わせた細かな支援を行なっている。メンバーはその支援のもと作業所の活動に参加する。また、この作業所においてスタッフは、メンバーに「覚えている？」、「わからないの？」などと問いただすことはほとんどなく、メンバーの障害を可視化するの

をできるだけ避けていた。また、メンバーも話の中や活動の中でわからないことがあっても「わかったふり」や「話を切り替え、わからないことを避ける」ことによって、自分の障害を可視化させることを避ける行為を作業所で行なっていた。しかし、それは「適切性」（石川, 1999）にこだわるという側面だけでなく、「人とうまくコミュニケーションするため」という意味合いもあるのではないか。このコミュニケーションの基本的な条件となるのが役割取得である。片桐（1996）はG.H. ミードの相互行為論をふまえ役割取得を次のように定義している。役割取得とは、自己の行動が他者にどのような反応を引き起こすかを前もって予期し、そのことによって自己の行動を調整していく過程であると言う。そのような予期は他者の態度を取得することによって可能となる。この役割取得が、コミュニケーションを支えるものとなり、それによって相互行為が生起していく。メンバーは記憶障害を持っていても出来事やものごとの全てを忘れているわけではなく、ある程度覚えているはずだと他者から思われていることを知っている。そしてメンバーは自分に「わからないこと」があっても、明らかにせず、それを曖昧にしていた方がコミュニケーションはうまくいくことを知っている。メンバーは他者の視点から自分を見てその位置から行為するという役割取得をして相互行為の文脈にふさわしい行為をとっているのである。それによって人とうまくコミュニケーションをとろうとしている。ここにメンバーが「健常者と共に生きる」時に人とどのような関係を築き、どのような自分で生きていきたいかの思いが込められているように思う。そして「Re〜らぶ」では、このメンバーの思いを受け、メンバーの「わからないこと」を支援という形をとりスタッフが埋めていく。このスタッフとメンバーが作り出した作業所の「システム」の中では、高次脳機能障害は「見えない」障害となるのである。

　この「システム」はどのような意味を持っているだろうか？この作業所の「システム」を図4−1の2001年WHOで採択された国際生活機能分類（ICF）のモデルにあてはめて考えてみる。ICFでは、障害は機能障害、活動制限、参加制限の3次元から成るものとする。また、背景因子として環境因子と個人因子があり、この3つの次元と相互作用をもつものとして明記された（障害者福祉研究会（編）, 2002）。この作業所ではスタッフの支援の仕方はICFのモデルの環境因子に、そして、わからないことがあっても「わかっているふりをする」というメンバーの対処方法を個人因子にあてはめることができる。この二つの背景因子の影響によって、

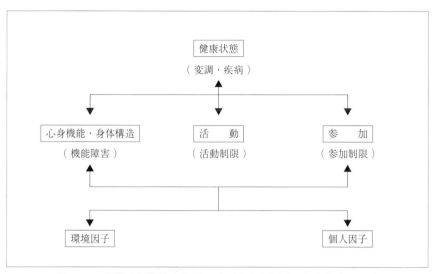

図4-1　国際生活機能分類（ICF）（障害者福祉研究会（編），2002）

メンバーの活動制限がとれ、作業所の活動への参加が促され、メンバーは作業所という場において「生活のしづらさ」から開放されたことになる。

　浜田（2003）は、次のように言う。人は自分では選べない生の条件があり、その条件を背負いながら、自分なりの〈生きるかたち〉を作り上げていくものである。障害も多くの場合、自分では選べない生の条件であり、障害を引き受けて〈生きるかたち〉を作り上げることが大事である。そして、人は人とともに生きざるを得ないのだから、〈生きるかたち〉を〈共に生きるかたち〉として作り上げていくことが必要とされる。障害を考える時、私達にとって問題となるのは、人が自分の生の条件を見定めること、そして周囲の人やものとの間で取り結ぶ関係世界の中でともに〈生きるかたち〉をどのように作り上げていくのか、そしてその上で選べる世界を関係世界の中でどのように立ち上げていくのかを考えていくことが大切であると主張する。

　私たちは、いままで障害は「克服」すべきものであり、いかに障害を軽減するかに目を向けてきた。しかし、日常生活の場に目を向け、障害を持っている人が、今ある力を使ってどのように生きているのかその〈生きるかたち〉を見ていくこと、そして、まわりの人とどのような関係世界に生きているのかを明らかにすることは、その障害を理解するためにも必要な作業である。また、人が生きること

において「支援する―支援を受ける」ことの意味と役割について新たな視点を提示できる可能性がそこにあると考える。

本章では、フィールドワークを通して記憶に障害を持つメンバーと彼らを支援するスタッフは、共同で記憶障害を不可視にするシステムを作り上げていることを見出し、このフィールドの特殊性を〈共に生きるかたち〉として呈示したが、最後にこのフィールドに課された課題について議論しておきたい。

鷲田（2001）は精神障害のある人の支援者側の問題として「支援しなければならない人としてみることが、『病む』ひとたちの生きづらさをよけいに生み出す」（p. 156）ことを指摘した。このことをふまえ佐々木ら（2012）は、支援者は支援のあり方を反省すること、つまり「保護」の対象から「自立」支援へと変えていくことが必要であると言う。保護的支援は、時として当事者を無力化させ自立を阻んでしまという可能性があるとする。これが確かなら「Re～らぶ」でのメンバーの「わからないこと」、「できないこと」を不可視化し支援するという、ある意味で「保護的」ともいえるスタッフの支援のあり方は、メンバーの無力化を生み、自立を阻んでしまうことになる。また、これまでリハビリテーションの現場では、障害者に自分の障害を自覚させた上で、本人と援助者がそれを補う手段を考え、環境調整を行ない、社会的適応を目指すアプローチが行なわれている（加藤, 2001）が、そこでは障害を持つ人は自分の障害に対して向き合うことが必要とされている。しかし、メンバーの「わからないこと」、「できないこと」を不可視化するこの作業所のシステムのもとでは、メンバーが障害に向き合うことがそもそもないという矛盾が発生することになる。これらの問題や矛盾に対し、このフィールドはどのように乗り越えていったのであろうか。本章以降では、この問題や矛盾をどのように乗り越えていったのかその答えを示すことになる。

文献

青木美和子　2007　記憶障害を持って人と共に生きること　質的心理学研究　第6号　pp. 58-76.
朝日新聞（2005年7月18日）．高次脳機能障害、初の診断基準策定へ　障害者認定を促進. asahi.com. http//www.asahi.com/health/news/TKY200507170381.html（情報取得2005年10月8日）．

Bergson, H. 1896 Matiere et memoire. Paris: Presses Universitaires de France. 田島節夫訳 1999 物質と記憶 白水社.

Bergson, H. 1975 Memoire et vie, textes choisis par Gelles Deleuze, Paris：Presses Universitaires de France. 前田英樹（訳） 1999 記憶と生 未知谷.

浜田寿美男 2002 身体から表象へ ミネルヴァ書房.

浜田寿美男 2003 人が人と〈ともに生きるかたち〉 山上雅子・浜田寿美男（編），ひととひとをつなぐもの pp. 231-262 ミネルヴァ書房.

生駒一憲 2004 外傷性脳損傷のリハビリテーション リハビリテーション医学 41 pp. 409-412.

生駒一憲 2005 脳外傷による高次脳機能障害とリハビリテーション 北海道脳外傷リハビリテーション講習会実行委員会.

石川准 1999 人はなぜ認められたいのか－アイデンティティの社会学－旬報社.

片桐雅隆 2003 過去と記憶の社会学－自己論からの展開－ 世界思想社.

加藤朗 2001 外傷性脳損傷者の職業生活を支援するサービス 日本職業リハビリテーション学会近畿ブロック研究会（編） 近畿の高次脳機能障害支援最前線－公開セミナー「高次脳機能障害の社会的支援」報告集－ 日本職業リハビリテーション学会近畿ブロック研究会 pp. 3-32.

国立身体障害者リハビリテーションセンター 2004 高次脳機能障害者支援モデル事業報告書.

前島伸一郎・上好昭高・坊岡進一・國本 健・吉本宗人・石田和也・松本朋子 2002 記憶障害とリハビリテーション 総合リハビリテーション 30 pp. 307-312.

眞野行生 2003 頭部外傷による高次脳機能障害について 北海道高次脳機能障害連絡調整委員会（編） 高次脳機能障害者社会復帰支援モデル事業における関係施設の取り組み pp. 1-4 北海道.

佐々木哲二郎・目黒輝美 2012 障害と就労 目黒輝美・佐々木哲二郎・泉浩徳（編） 生きている働いている－障害者の就労を地域で支える－ pp. 21-65 大学教育出版.

森敏昭 1999 記憶 中島義明ら（編）心理学辞典 p. 150 有斐閣.

森敏昭 2001 記憶研究のパースペクティブ 森敏昭（編） おもしろ記憶のラボラトリー pp. 1-14 北大路書房.

大橋靖史 2004 行為としての時間－生成の心理学へ－新曜社.

大村純 2004 グループホーム・作業所における生活支援 OT ジャーナル 38 pp. 754-757.

障害者福祉研究会（編）2002 ICF 国際生活機能分類－国際障害分類改訂版－ 中央法規.

舘暁夫 2005 障害をもつ人々と共生できる社会 教育と医学 53 pp. 82-89.

上農正剛 2003 たったひとりのクレオール－聴覚障害児教育における言語論と障害認識－ポット出版.

Vygotsky, L. S. 1982 大井清吉・菅田洋一郎（監訳） 子どもの欠陥性の心理学と教育学について ヴィゴツキー障害児発達論集 pp. 9-50 ぶどう社.

鷲田清一 2001 「〈弱さ〉のちから」－ホスピタブルな光景－ 講談社.

Wertsch, J. V. 1998 Mind as Action. New York: Oxford University Press. 佐藤公治・田島信元・黒須俊夫・石橋由美・上村佳代子（訳）2002 行為としての心 北大路出版.

やまだようこ 1987 ことばの前のことば 新曜社.

山鳥重・鎌倉矩子 2005 生活の中の認知障害 神経心理学 21 p. 74.

矢崎章・三村將　2005　高次脳機能障害に対する認知リハビリテーション　精神認知と
　OT2　pp. 189-194.

要田洋江　1999　障害者差別の社会学　岩波書店.

要田洋江　2004　障害を持つ人を排除しない地域社会の条件　大沢真理・森田朗・大西隆
　史・上田和弘・神野直彦・苅谷剛彦（編）　ユニバーサル・サービスのデザイン　pp. 103-
　140　有斐閣.

第5章　居場所から働く場所へ

第1節　問題と目的

1．実践のコミュニティの変化を捉える視点

　本章、そしてそれに続く第6章では小規模作業所としてスタートした「Re〜らぶ」において障害者自立支援法のもと地域活動支援センターを経て就労継続支援B型事業所にサービス事業を変更した過程の事例分析を行なう。

　高次脳機能障害に対する診断基準が作られ福祉のサービスの対象と認められた現在においても高次脳機能障害者に対する社会資源は未だ十分とは言えないが（青木・白波瀬, 2009）、2001年当時、地域において高次脳機能障害者が利用できる社会資源がない中で「Re〜らぶ」は小規模作業所として始められ、この障害を持つ人の日中の居場所としてこの作業所は作られた。その後、社会の中では新しい福祉の理念やシステムが構築されるなかで、スタッフとメンバーがお互いのニーズや思いを共有しながら、当初、障害を持つ人の「居場所」として機能していた「Re〜らぶ」を「働く場所」という意味を持つ場に変化させるに至った。これまでにも青木（2008, 2011）は、この居場所から働く場所への変化を捉える試みを行なってきたが、具体的なプロセスを詳細に捉えることは不十分なままであった。そこで、この「変化」の過程を明らかにしていくことが本章と第6章の目的である。

　コミュニティの変化のプロセスを捉えるにはどうしたらよいのだろうか。本研究では、新しい学習の分析視座を与えることとなった「状況的学習論」（Lave & Wenger, 1991）に基づいてこのコミュニティの変化のプロセスを捉えていくことにする。

　「状況的学習論」とは、学習を知識や技能の獲得としてではなく、実践のコミュニティへの参加の過程として理解する学習理論である。ここで参加とは、実践の

コミュニティのメンバーの共同的行為の中で、特定の役割を担い、その共同的行為の生成と維持に関わることを意味する。そして、こうした参加のあり方が共同的行為において最初は瑣末だがやがて必要不可欠な役割を担うこと、つまり「周辺的な」参加形態から徐々により複雑でより深く活動に関与する役割へと進んでいく「十全的参加」へ変化していく。これにともなって、行為の熟達化、コミュニティについての理解、他者についての理解、そしてコミュニティのメンバーとしての自己についての理解（アイデンティティ）の相互構成的な変化の過程が学習であると理解する（高木, 2001）。この理論によると実践のコミュニティは、学習者がこの周辺的参加から十全的参加へ変化する過程で相互構成的に変容し、再生産されていくとされる。変化こそが実践のコミュニティの根本的な特質であるという（Lave & Wenger, 1991）。

　また、レイヴたちによると実践のコミュニティとは次のように定義することができる。「必ずしも同じ場所にいることを意味しないし、明確に定義される、これとはっきりわかるグループを意味してもいない。あるいは社会的に識別される境界があるわけでもない。それは参加者が自分たちが何をしているか。またそれが自分たちの生活と共同体にとってどういう意味があるかについての共通理解がある活動システムへの参加」（邦訳, p. 80）を意味する。ウェンガー（1990）においても「実践の共有」という視点はさらに強調される。つまり、実践のコミュニティとは単に制度的に組織化されているものというより（制度的な社会組織でなく）人々が「ある特定の実践を共有している」グループを指す（ソーヤー, 2006b）。前章において今回の研究のフィールドである「Re〜らぶ」においてどのように実践が共有されてきたのか事例を提示し、実践活動の分析を行なったが、「Re〜らぶ」は福祉の単なる制度的な社会組織ではなく、制度的な枠組みをリソースとして利用しつつ実践を共有している実践のコミュニティであるといえる。したがって、「Re〜らぶ」という実践のコミュニティの変化のプロセスを学習とは実践のコミュニティの再生産、変容のサイクルの中にあるとする「状況的学習論」の分析視座に基づいて検討することが可能であると考えられる。

　しかしながら、「状況的学習論」をめぐってはいくつかの限界が指摘されている。「参加」という分析の単位には必然的にすでに一定の構造と安定性をもったものとして存在している実践のコミュニティへの参加という含意がある。このため、この理論では主体に対するコミュニティの優位性と安定性がかなり強調されてい

る部分があり、実践のコミュニティの変革の可能性が「見えにくくなっている」（高木, 1992）という。それではコミュニティの変化を捉えるためにはどうしたらよいのだろうか。本論では、変化を「見やすく」するために「状況的学習論」の分析視座にいくつかの視点を加えることにする。

田辺（2003, 2010）はコミュニティとは、すでにそこに存在するばかりでなく、人々の欲望、創造や思考の展開のなかで実践的に作られていくという視点から考え、コミュニティが多様な権力作用のなかで形成されることに注目する。いかなる実践理論も権力関係を分析の視点の中に含むものでなくてはならない。ここでいう権力とは、国家や政府のような装置や構造を持って強制し抑圧する力だけを指すのではない。フーコーが言うように権力は上部や外部から単純に主体を強制、排除、抑圧する力と考えるのではなく、むしろ個々の主体の内部から現実的な力として生み出されるものと理解される。権力は上から下に波及するだけでなく下部からも生み出される。コミュニティは権力作用による抑圧や排除、あるいは葛藤、抵抗や交渉などの相互行為が繰り広げられる「状況」なのである。したがって実践のコミュニティ論においてはコミュニティにおける実践はいかなる権力関係のもとで展開されるのかという視点が必要とされるのである。田辺はコミュニティが社会と個人からそれぞれ生み出された権力作用の中、人々の相互行為により実践的に構成され状況的かつ歴史的に存在するものであり、特に人々の欲望、創造や思考の展開の中で実践的に作られていくというコミュニティが実践を通して再構築される点を彼は強調する。

さらに田辺の議論に続き平井（2012）は、「状況的学習論」においては、参加を通じた情動的な変化が新たな関係性を形づくったり、知や実践の様式の創造を促進したり、外部社会に働きかける自信を与えたりする過程が検討されることがなかった点を指摘する。彼によると情動は、我々の知覚や思考、世界の見方、振る舞いの中に存在し、それは人々の結合を促すだけでなく、コミュニティにおける実践にエネルギーを共有する主要な源泉にもなる。コミュニティは具体的な諸個人の間身体的な諸関係の中で成立するという。したがって、コミュニティの変化を捉えるときにはこの情動的な構成局面にも注目していく必要がある。

本章と次章では、実践のコミュニティである「Re～らぶ」の変化を「居場所」として機能していた「Re～らぶ」から「働く場所」という意味を持つ場に変化させるに至ったプロセスを一つの「流れ」として説明していくが、これまでの議

論をふまえ、このコミュニティの変化を捉えるために「状況的学習論」の分析視座に加えてコミュニティに関わる権力作用と情動的な構成局面にも注目する。具体的には、この変化のプロセスを捉えるために必要とされる視点は以下のようなことである。時間軸の中で「Re～らぶ」を取り巻く上からの権力である福祉の制度や福祉の理念などのマクロレベルの社会文化的な文脈と、同時に次のようなミクロレベルの文脈にも注目することが必要である。例えば、地域の福祉の現状と共に下からの権力作用ともなるスタッフやメンバーの思いなどの情動的な面、メンバーとスタッフの「Re～らぶ」への参加の仕方などである。このようなミクロ、マクロの文脈のもと人々はコミュニティの実践に参加して、実践を共有していく。こうした実践を通じて参加者は能動的、行為遂行的にコミュニティを作り上げ、コミュニティを変化させていく。このような視点からコミュニティを分析することで居場所から働く場所へとこの実践のコミュニティが経験した数年にわたる変化のプロセスを明らかにすることが可能になると考えられる。この実践のコミュニティの変化を起こした「Re～らぶ」を取り巻くマクロ・ミクロな力を図5-1に示す。

2．本章の目的

本章では、まず「状況的学習論」の視点のもとで、この実践のコミュニティにおいて参加者であるスタッフとメンバーと呼ばれる利用者がどのように学習したのかを実践活動への参加の過程から明らかにしていく。

「状況的学習論」では実践への関わりが可能になっている状態を実践への「アクセス」と呼ぶが、コミュニティそして、コミュニティでの実践活動へ参加するには、広範囲の進行中の活動、古参者たち、さらにコミュニティの他の成員、さらには、情報、資源、参加の機会へのアクセスが必要である（Lave & Wenger, 1991）。多様なリソースや活動へどれほどアクセスが可能かといったことが、実践のコミュニティの参加のあり方を示しているともいえる。したがって、「状況的学習論」の観点から学習を研究するためには実践のコミュニティにおいて何がどのように参加者の実践へのアクセスを可能にしたり、制約しているのかにも具体的に記述していくことが必要とされる（ソーヤー, 2006b）。こうしたことから、この章ではメンバーとスタッフの実践へのアクセス、実践のコミュニティへの参

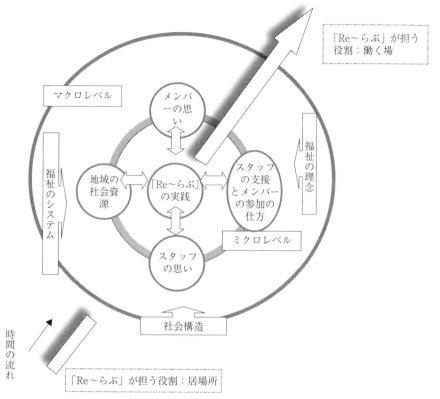

図 5-1 「Re〜らぶ」の実践を変化させるミクロ・マクロな力

加の過程を見ていくことにする。そして、同時に「Re〜らぶ」の実践に影響を及ぼすミクロやマクロの力の文脈も視野に入れながらこれらの分析を通して実践活動がどのように生成され、コミュニティを変化させたのかそのプロセスの全体像に迫っていくこととする。

第2節 方法

2003年4月から2009年12月までの間、「Re〜らぶ」という福祉の事業所でフィールドワークを行なった。この章の前半（2003年4月から同年12月までの報告）は、分析の視点は異なるが、第4章で使用したフィールドワークのデータを用いてい

る。

　はじめは、ボランティア兼調査者という立場で、主にメンバーと共に日常の活動に参加した。調査2年目の途中から、運営主体がNPO法人となり、筆者も理事の一人となった。その頃から、メンバーと共に活動する傍らスタッフミーティング、理事会に参加するようになり、事業所の運営にも加わるようにもなった。また必要に応じて相談業務、生活支援業務にもスタッフと共に行なうこともあった。メンバーやスタッフと行なう活動の場においてのデータの取り方は、これまでと同じくミーティングの場面ではできる限りその間の発話を筆記で記録するようにしたが、その他の活動において筆者はメンバーやスタッフと共に活動しており、また、場の雰囲気が不自然になるのを避けるためにメモやビデオなどの撮影は行なわなかった。そのため帰宅後、フィールドノーツをつける形をとった。2006年からはスタッフとメンバーに許可をもらいミーティングの場面などはボイスレコーダーで録音をしてデータとした。フィールドワークはこのように行なった参与観察と、スタッフが記録する「Re〜らぶ」の活動日誌や2006年からメンバーが個別に記入するようになったノートやこの時期に発行された会報も補足データとして用いた。

第3節　結果と考察

1．「居場所」として作られた「Re〜らぶ」でのスタッフの支援とメンバーの参加

　ここでは、まず「Re〜らぶ」が作られた経緯について述べ、居場所として作られた「Re〜らぶ」でスタッフとメンバーがこのコミュニティにどのように参加していたのかを説明する。

(1) 居場所として作られた「Re〜らぶ」
　小規模作業所「Re〜らぶ」は、第4章で述べたとおり2001年当時、医療と福祉の谷間におかれた障害といわれた高次脳機能障害を持つ人のために作られた。この「Re〜らぶ」の設立当初から通所していた3人のメンバーはいずれも交通事故により高次脳機能障害を持ち、障害を持った後もこれまで数度企業に就職した経験があるが、その障害のため就労し続けることが困難であった。その当時は

第5章 居場所から働く場所へ　97

この障害に対する社会資源はほとんどなく、また、医療のケアも福祉的なサービスもなくメンバーは新しい仕事に就く希望や積極的に社会生活を送る意欲が失われ外出することなく自宅で過ごしていた。この障害を持つ人は生活のしづらさを抱えながらも自宅で生活を送るしかなかった。高次脳機能障害者の家族たちが行き場のない高次脳機能障害を持つ人のまずは「日中過ごせる場所」が欲しいとの願いのもとで、自分たちの手でこの「Re～らぶ」という名の作業所を設立した。

　作業所は、法定外の施設であるためにその事業の内容は特に決まりがなく、通所者のニーズやその地域の状況に合わせてその活動内容を変更することができる。「支え合う」、「憩う」、「くつろぐ」、「寄り添う」ということが従来、作業所の基本的な機能とされることが多かった。この作業所も高次脳機能障害者の家族たちの手によって、まずはそれまで自宅にひきこもりがちであった高次脳機能障害者が他の人とともに安心して日中過ごせる場、「居場所」としての役割を担えるようその活動は始められた。しかし、「居場所」としてスタートした「Re～らぶ」であるが、メンバーが「一時的」にいる居場所としてスタッフとメンバーには意味づけられていたようであった。なぜなら、この当時在籍していた3人のメンバーはいつか再び一般就労に就くことを希望していて、この作業所には長くいる予定はなく、いずれ就職が見つかったら作業所から離れることが想定されていた。

　障害者の就労には、民間企業や地方公共団体などで働く一般就労と授産施設や福祉工場などで働く福祉的就労があるが、両者の間の賃金の格差は大きい。当時の小規模作業所などの福祉的就労では古くからある施設でもその工賃平均は月1万円以下（厚生労働省, 2007）であり、一般企業で働く場合との収入の格差は大きい。また、今の日本では「働いて」お金を稼いで自分で自分の生活を支えることが一般的に求められる。福祉においても、障害が軽く、いわゆる「生産的な労働」ができると見込まれる人には「稼ぐ」ように一般就労が勧められる。実際、福祉関係の法律も福祉的就労から一般就労に可能な人は移行できるようなシステムを考えて作られている。

　この3名のメンバーはまだ20代から30代前半で年も若く、障害を持ってからも今まで何度か一般の企業で雇用された経験もある。また、この当時、高次脳機能障害は「見えない障害」とされ、この障害がどのような障害なのか社会だけでなくこの障害を持っている本人やその家族においても十分な理解が得られなかった頃である。高次脳機能障害を持っていても明らかな身体の障害がなく、コミュニ

ケーションがとれるメンバーは、本人の希望ももちろんあったが、将来的に「生産的な労働」ができると見なされ、作業所などの授産施設で福祉的就労をするよりも「一般就労」することが今後の目標にすべきであると本人もスタッフも考えていたようであった。したがって、「Re〜らぶ」の外部で行なう一般就労を目指すためのプログラム、例えば、ハローワークや障害者職業支援センターが行なう就労相談や訓練、あるいは、たとえ期限が決まっているパートタイムであっても一般企業で働くことは、「Re〜らぶ」の日々の活動よりも当然、優先すべきこととされていた。このように「Re〜らぶ」は、この場所がメンバーにとって一般就労に就くまでの間に一時的にいる「居場所」して意味づけられその活動は始められた。

(2) メンバーの実践へのアクセスを制約するもの

　このように高次脳機能障害を持つ人の一時的な居場所として作られた「Re〜らぶ」へのメンバーの通所は毎日ではなく休みも多く断続的に通い、通所してもその活動への参加も非常に限られたものであった。つまり、「Re〜らぶ」で行なわれる実践活動へのメンバーのアクセスは限られていたといえる。この実践へのアクセスはスタッフだけでなくメンバーによってもコントロールされており、この両者の相互行為が活動へのアクセスを制約するものとなっていた。

　ここで事例を提示する前に「Re〜らぶ」が家族に高次脳障害者を持っているスタッフはどのような思いでその活動を開始したのか再度、確認をしておきたい。なぜなら、スタッフがどのような思いで「Re〜らぶ」を立ち上げたのかを確認しておくと、次に説明するスタッフの活動への参加の仕方やメンバーへの関わり方がどうしてそのようになされたのかその理由がより理解可能になってくるからである。

　スタッフが「Re〜らぶ」を立ち上げた時の思いは、岩手県福祉総合相談センターの職員が自分たちの県でも高次脳機能障害者への支援を立ち上げることになり「Re〜らぶ」に視察に訪れた時にも語られていた。岩手県の職員からスタッフはインタビューを受けて「どのような作業を行なっているか」と聞かれ、次のように答えていた。

資料 5 - 1

　「ここに集まって来る子供たち（筆者注：このインタビューに答えているスタッフは高次脳機能障害者の母親である。したがってメンバーのことを外部の人に対して「子供たち」と呼ぶことがあった。）は、本当に行き場のない人たちですよ。ここでは、枠にはめないで、個々の個性を引っ張り出すのではなく、彼らにできること（を）彼らが望む感じでやっていこうと思いました。これが良いのか悪いのかはわからけど、彼らが通ってきてくれることだけでも良いと思うことにしました。そうじゃなくて、『これをやるわよ。さあ、みなさん来なさい』というふうにやると、どうしても来られない子もいますよね。…（中略）（作業中に）ちょっといないなと思ったら、表に出て煙草を吸ったり、ゲームセンターに行ったり、買い物にいったりとか、これに対して、ダメよ。ダメよとやっていたら、こなくなってしまいますよね。作業所っていうのは、いろんな形があって良いと思うの。利用者がどっちを選ぶかですよね。そういう意味で作業所がいろいろ沢山あって選択肢が増えた方がいいと思うの。」

　　　　　—いわて高次脳機能障害者家族を支える会つうしん（2004/ 7 /20発行）—

　このインタビューからもわかるように「Re～らぶ」はメンバーの日中の居場所づくりを目的にしていた。スタッフたちは、福祉の専門家ではない。家族としてこれまで高次脳機能障害者に関わってきて、メンバーにどのように接したらよいのかは自分たちの経験から照らし合わせてその答えを出しているようであった。活動への参加は強制せずにスタッフはメンバーの意思を尊重し受容的に関わる。メンバーが少しでもここに無理なく通えるようにはどうしたらいいのかをまずは第一に考え、活動を進めようとしていたことがわかる。このような思いがあるからこそ、これから説明するようなスタッフの実践活動への参加の仕方、メンバーへの関わり方が生まれたのだと理解できる。

　この当時「Re～らぶ」で行なわれる授産活動は「石けんづくり」と木工であった。石けんや木工は福祉バザーで販売するために作られた。売上は「Re～らぶ」のメンバーの工賃の一部となるが、売上は決して多くなかった。この作業の中心になるのは、スタッフやボランティアたちで、メンバーはスタッフから依頼され、その製作を「手伝う」という形で作業に参加していた。当時の「Re～らぶ」の活動の様子、特にスタッフの支援の仕方とメンバーの活動への参加の仕方がわかる典型的な事例をエピソード 5 - 1 として紹介する。このエピソードは「Re～ら

ぶ」においてメンバーもスタッフも「石けんづくり」の経験を重ねてきて、お互いに作業に慣れてきた頃で、少しずつではあるがメンバーも作業の手順を理解してきているはずであった。しかし、この時点でも、スタッフは、メンバーに作業のすべてを任せるということはせず、メンバーと一緒に行動し、一工程ずつ、適時、指示、支援を行なっていた。

エピソード5-1

（背景）

　「Re～らぶ」の開設当初から福祉バザーで販売する石けんを作ってきた。作業を中心的に担うのはスタッフで、メンバーはスタッフからの一工程ずつ指示のもとそれを「手伝う」という形でその作業に加わることが多かった。

（エピソード）

　この日の午後、「Re～らぶ」の台所で石けんを作ることになっていた。この日は、スタッフのTMさんがメンバーの「石けんづくり」を手伝い、メンバーのTさん、Sさんが、それぞれバケツ一つずつ、石けんを作る事になった。はじめの工程である苛性ソーダーと水を計量するところまでは午前中に別のスタッフのMさんがすでに終わらせていた。メンバーが「石けんづくり」を行なう台所に集まると、TMさんは、壁に貼ってある石けんの作り方が書いてある紙を指さして、「このように作って下さい。」とメンバーに言う。その用紙には、「石けんづくり」の材料と工程が書かれている。しかし、メンバーは自分たちが立っていた場所から動かず、作り方が書いてある用紙に注目する様子はなかった。すると、スタッフのTMさんが、用紙に書いてあるとおり、最初に使う道具であるバケツと泡だて器を台所にある棚から取り出して用意する。メンバーの二人は立ったまま、TMさんを見ていたが、TMさんが、バケツと泡だて器を用意すると、メンバーはTMさんと共に、あらかじめスタッフのMさんが計ってくれていた水と苛性ソーダーをバケツに入れて混ぜ始めた。この作業では、刺激のある気体が発生する。作り方の書いた用紙には、換気に注意するように書いてあるが、ドアや窓は閉めたままであった。TMさんは、風通しをよくするため、台所の窓やベランダを開け始めるが、メンバーは自分から窓を開けようとはしない。Tさんのバケツの苛性ソーダーと水は、早く混ぜ合わさり、作業の一工程が終った。しかし、Sさんのバケツの方は、あまりうまく混ざらなかったらしく、少々時間が掛かっていた。TMさんは、Sさんのバケツが、ほぼかき混ざるのを待ち、うまく混ざったのを確認すると、メンバー二人に玄関から廃油を持ってくるように言った。二人は、その指示に従い、玄関に向う。Tさんは、すぐに一番ドアの近くにあった油の入ったビンを見つけ

台所に持って帰り、Ｓさんは、玄関の奥にあった油のビンを見つけて台所へ持って帰った。次に油の計量の工程になる。壁に貼ってある石けんの作り方には、油1.5リットルをバケツの中に入れるように書いてある。ＴＭさんが、それを読み上げると、Ｔさんは、バケツに油をどこまで入れたらよいかあらかじめ、バケツに線で記してあることを覚えていたらしく、「ここまで入れればよいのでしょ？」とバケツの線を指差しＴＭさんに確認する。Ｔさんは、それが正しい事を確認すると横にあったザルに紙を敷き、油をこしながら、その場所までゆっくりと油を入れていく。少し遅れて、Ｓさんは、Ｔさんと同じようにバケツの印があるところまで油を入れていく。Ｓさんの油は、不純物が混合しているらしく、油をこすのに時間がかかった。ＴＭさんは、Ｓさんが手間取っているのに気がついて、横から手を出し、油こしの紙が汚れると新しいのと取り替えてあげる。Ｓさんはこの間、手にザルを持っているが、何も話さず、動かない。

　このように、作業はスタッフの指示、援助のもとで行なわれる。スタッフは、慣れてきた作業ではメンバーに作業の主導権を取らせようとすることもあるが、メンバーがそれに応じることはあまりない。したがって、多くの場合、スタッフは、一工程ずつ作業を区切り、その都度、作業を指示し、メンバーの進行状況を確認しながら、次の工程に進めていくことになる。上記の例は、かなり「石けんづくり」も慣れてきたところであった。Ｔさんが、油の計量の時に一々体積を計量しなくてもバケツに線が引いてあると知っているなど、作業に慣れてきて手順を理解しつつあることがわかる。しかし、この頃でも、メンバーが、自らの判断で次の工程へと作業を進ませることはほとんどない。作業の一工程を終了するか否かの判断は、スタッフであり、次の作業の指示もスタッフが行なう。また、作業の準備、後片付けはスタッフによって行なわれていた。あくまでもスタッフはメンバーが無理なく作業に取りかかれるよう気を配り活動を進める。

　このような形の活動が行なわれる日々が長く続いた。メンバーが、その日どのような活動をするのか、あるいは、その活動の段取りから、進行、そして片付けまですべてを担うことはなかった。その日何をするのかは、メンバーの状況、そして、「Ｒｅ～らぶ」の作業の進み具合、これからの予定を判断してスタッフが決める。ほとんどの場合は、スタッフがメンバーに「○○さん、何々してくれる？」というような質問とも依頼ともとれる発言により、作業が開始される。メンバーは、自分に他の用事がない時は、その発言に従う。スタッフは常にメンバーと一

緒にいて、一工程ずつ指示をし、メンバーも一工程が終れば、次の指示を待ち自分から、次の工程に進めることはほとんどない。スタッフも始めから、すべての工程を一度に説明し、指示することはしない。また、一工程の作業の終了時点においても、スタッフがその都度終わりを確認する。このようにスタッフはメンバーに判断を求めず常にメンバーの作業の様子に目を配り、適時、指示や支援をしていく。

　メンバーは「頼まれたことしかできない。頼まれたことはできるが。」と話していた。スタッフは、メンバーがどのようなことができないのか、どのようなことが不得意なのか、そして、何にこだわりがあるのかを、概ね理解している。「Re〜らぶ」においてスタッフが、メンバーに何か作業を依頼する時、メンバーのその日の体調はもちろんのこと、メンバーが「できる」作業、あるいは、「できるであろう」、「してくれそう」と予想した作業しか依頼しない。スタッフはメンバーたちがまずは無理なく作業所に通所できることが大切であると考え、受容的に関わり作業の負担をかけることはしない。同時に「Re〜らぶ」はメンバーが再び就労に就くまでの一時的な居場所という認識があるので、メンバーが作業を担うようになることは望んでいない。「Re〜らぶ」では「メンバーに無理をさせない」という暗黙のルールが共有されていた。このルールのもとで行なわれるスタッフの支援がメンバーのコミュニティへの参加の機会へのアクセスを可能にするものになっていたが、同時に進行中の活動へのアクセスを制約するものともなっていたのである。

　一方で、実践へのアクセスの制約はメンバー自身によっても生まれていた。「Re〜らぶ」で行なわれる活動はメンバーにとっての「仕事」であるという認識を形成するのには難しい環境であった。「Re〜らぶ」では作業は毎日行なわれるわけでなく、通所しても自分がやるべき作業がない時もある。また、作業があってもはっきりした役割を任されることがなくスタッフのメンバーに無理はさせないという支援のもと、活動への参加は周辺的なままでよかった。自分に課される作業がない時には、メンバーは昼寝をしたり、音楽を聴いたり、おしゃべりなどをしてそれぞれ自分の好きなことをしてゆったりと時間を過ごすことが許されていた。また、スタッフやボランティアたちが「石けんづくり」をしていても特に手伝うように言われなければ、作業に加わらなくても他の場所でおしゃべりをしてもよい。活動時間内でもその途中に友達から遊びなどの誘いが入れば帰ったり、

買い物に出かけたりしても咎められない。来所するかどうかはメンバーの判断に任され、その日メンバーが「Re〜らぶ」に来るか来ないかはスタッフも当日の朝にならないとわからないことが多く、連絡もしないで欠席をしたり遅刻をしてくることもある。もし、「Re〜らぶ」が仕事をする場であるという認識があれば異なる行動をとっていただろう。このような「Re〜らぶ」への参加の仕方は以前、企業で働いたこともあるメンバーが持つ「職場」への参加の仕方とは大きく異なるだろう。

　また、先述したとおり、この時期、メンバーたちは再び一般就労に就くことを目指しており、アルバイトをしたり一般就職を目指して就労相談や訓練を受講することもあったが、それらは「Re〜らぶ」への参加より優先すべきこととされていた。このことも、「Re〜らぶ」で働くイメージを持つのを難しくしているのかもしれない。メンバーにとってここで「働いている」という意識を持つことを難しくする要因はそのほかにもある。「Re〜らぶ」でのメンバーに渡される一か月の工賃は当初、600円からスタートしたが、一般に考えられる労働への対価としてはあまりにも額が少なく、働いて得る収入であるという意識を持つことはできないのではないだろうか。このようなメンバーにとって「Re〜らぶ」は時間が空いている時に来所する所でゆったりと過ごしてもよい「居場所」と意味づけられ、メンバーのこのような作業所の意味づけが、メンバー自身による活動へのアクセスを制約するものとなっていた。

　図5-2に居場所として作られた「Re〜らぶ」を取り巻くミクロ・マクロの力を示しておく。

2.「居場所」としての「Re〜らぶ」が抱えた問題

　「居場所」として始められた「Re〜らぶ」であったが、時間の経過とともにこのコミュニティが担う役割、その実践が持つ意味を変化させなければいけない状況が福祉制度の改革をはじめとする社会の動きから、そして同時にメンバーとスタッフの思いやニーズというコミュニティレベルからも生み出されてきた。つまり、マクロとミクロの双方の力によって「Re〜らぶ」の実践を変えていかなければならない必要性が生まれてきたのである。

　2003年の冬、地域に福祉の社会資源が不足していたこともあり発達障害や精神

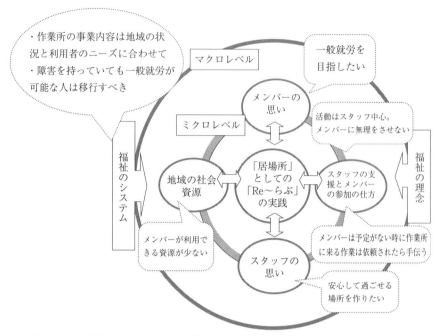

図5-2　居場所として作られた「Re〜らぶ」を取り巻くミクロ・マクロの力

障害を持つ人などからも「Re〜らぶ」を利用したいとの希望者が出てきて高次脳機能障害を持つ人に通所者を限っていた状態を変えてこれらの人々も受け入れざるを得なくなった。新しいメンバーには、他の作業所を転々としてきた人、障害のため一般企業で就労をするのが困難で離職し当面の行き場を失った人などが含まれていたが、これまでのメンバーと同様に自分の無理のない程度に「Re〜らぶ」に参加し、ゆっくりとおしゃべりなどしながら楽しそうに過ごしていた。スタッフは、新しいメンバーが増えても「作業所では無理をしないでメンバーがそれぞれできることをしてくれればいい。メンバーがゆっくりと安心して過ごせる場所が作れたら」と言い、「いつか再び就労に結びつけられたら」とこれまでと同様に自分たちの支援目標を語っていた。また、同時にスタッフは、「仕事を辞めて帰ってきても行く場所がなければね」と話し、メンバーがやがて就職し何かの事情で仕事を辞めることになっても安心して帰って来られる居場所に「Re〜らぶ」をしなければいけないと話していた。

　このように新しいメンバーが加入しても「Re〜らぶ」は従来通り就労の場所

ではなく「居場所」であり、ずっと通い続ける場所、定着する場所ではなくいつ
か再び仕事を見つけて離れていくところ、あるいは就労が継続できなくなったと
きに再び戻ってくるところという意味を持つ場所であることはスタッフとメン
バーとで共有されていた。したがって、「Re～らぶ」でメンバーとスタッフの両
者によって実践へのアクセスがコントロールされたままの活動が続けられていた。
この間にも古くからいたメンバーは短期間ながら一般企業に就職したりすること
もあったが、職場において障害が理解されにくく仕事が続けるのが難しかったり、
その他、体調、人間関係などの理由で仕事を継続することができなかった。また、
外部機関での就労相談や就労訓練を受けても就労には結びつくことはなく「Re
～らぶ」を一度は離れていくが短期間でまた戻ってくるというのを繰り返してい
た。メンバーが一般の企業に就職してもその仕事を継続することが難しいこと、
他機関で就労支援を受けてもなかなか仕事につながらないという現実があること、
さらには新しいメンバーの中には、その障害特性から希望しても一般就労に就く
のが難しいと予想されるメンバーが加わったことなどから、スタッフは「一般就
労、他の場所での就労が難しいのならこの作業所が就労の場所になればいい」と
話すように変わっていった。また、新しいメンバーの中には初めから「Re～らぶ」
にずっといたいと表明するメンバーも出てきた。

エピソード5-2

（背景）

　私（筆者）が「Re～らぶ」に行けるのは毎日ではない。私が「Re～らぶ」に行
けない時に起きた出来事は時間があるときにスタッフやメンバーから聞いたり、
また、スタッフやメンバーの方から教えてくれたりする。その週のミーティング
の時にスタッフとメンバーは「仕事」のことを話題にしたとのこと。その時の様
子をスタッフは教えてくれた。

（エピソード）

　ミーティングの時に「仕事」について話し合ったとのこと。その場でスタッフ
は今後、どのように働いていきたいかとメンバー一人ずつに聞いてみたと私に話
してくれた。メンバーの二人（高次脳機能障害を持つ男性と知的障害を持つ女性）
は、これまでも一般企業で働いた経験もあり、やはり一般企業で働きたいと言っ
たが、他のメンバーはここでこのまま働きたいと言っていたということを私に教
えてくれた。

このエピソードは、新たなニーズの発生、「Re～らぶ」が障害を持つ人の「働く場」にならなければいけなくなったことを示している。同時にこの「働く場」はメンバーの生活の経済的な基盤の一部を担うべく、つまり、メンバーが「Re～らぶ」で働いて少しでも「稼ぐ」ことができるようにその授産活動を変えていかなければならないことを意味している。多くのメンバーは障害年金を受給しているがそれだけでは生計を立てるのは厳しい。新しく入ったメンバーの中には夫婦二人の障害年金だけで子ども二人を育てながら生計を立てている人、家族と事情があり離れて暮らし単身生活をしている人などが含まれ、経済的に厳しい状況にいる人もいた。他の場所で就職しないで「Re～らぶ」にこのままいるつもりなら、ここがこのメンバーの少しでも生活の糧となる収入を生み出す所にならなければならない。これまでも授産作業で作られた石けんや木工製品の売り上げはメンバーに工賃として分配されてきたが、メンバーに渡せる工賃は2004年度においては月一人当たり平均5,000円弱であり、メンバーの人数が増えると制作した商品の売上を伸ばさなければ一人一人に分配できる工賃は少なくなってしまう事態がこの時期に起きていた。

　また、スタッフは作業所運営の経験を重なるにつれ、そして、新しいメンバーが加わり支援すべき人が増えて作業所の運営者としての責任をより強く感じるようになってきたのであろう。スタッフ代表のTさんは下記のように言うようになっていった。

エピソード 5-3
（背景）
　「Re～らぶ」のメンバーの活動終了し、メンバーが帰った後、毎回スタッフミーティングが行なわれる。通常は、その日のメンバーの様子や作業の進み具合、そして今後の予定などが話し合われるが、時折、今後作業所をどのように運営するのか、メンバーに渡す工賃を生むためにどのようなことをしたらよいのかなども話題に出されることがある。「Re～らぶ」の代表でもあるスタッフのTさんが他のスタッフに対して従来から作業所で作られていた石けんを今後どのように展開していきたいのか自分の考えを話した。
（エピソード）
　「Re～らぶ」の代表でもあるスタッフのTさんは「石けん、障害者の石けんではなく（筆者注：従来、福祉の施設で作っていた一般で売られる商品とは異なる

製品という意味で使用している)、どこのお店に出しても恥ずかしくないもの、一般商品と同じに。品質にこだわって。なんとか利益を得るための自主製品を作りたい…。工賃を一定に。安定して工賃をメンバーに渡したい。それがここを運営するものの責任。」と他のスタッフに話す。

　スタッフ代表のTさんは「安定して工賃をメンバーに渡したい。それがここを運営するものの責任」というフレーズをその後もスタッフミーティングの中などで繰り返し言うようになってきた。「Re〜らぶ」が就労の場になるように作り変えること、そして、少しでも多くの工賃をメンバーに渡せるような新たな取り組みを生み出すことが必要になっていた。それは、スタッフの新たな支援目標であり、メンバーの抱えるニーズと密接に関係していた。

　また一方で「Re〜らぶ」が活動を変化しなければならない必要性は、社会から福祉制度の変革によってももたらされた。それは、障害者の地域生活と就労を進め自立を支援する観点から2006年に施行された「障害者自立支援法」による。この法律により、従来の作業所は、生活介護や就労移行支援、就労継続支援など自立支援法に定められた事業を行なうか、これまでどおり法定外の施設としてそのまま運営をするか選択しなければならなくなった。後者の場合、今後補助金がもらえるかは定かでなく経済的に作業所の運営が難しくなる恐れがある。2007年に「Re〜らぶ」は、地域活動支援センターに移行後、2008年に安定した運営のため、そしてメンバーのおかれている現状と自分たちが行なうことが可能なサービス体制を考え、障害者自立支援法に定められている就労継続支援（事業所内で就労の機会や生産活動の機会を提供する）事業を行なうことにした。制度的に「Re〜らぶ」を「福祉的就労の場」にすることにしたのである。しかし、スタッフたちの新たな願いにもなった少しでも多くの工賃をメンバーに渡せる「働く場」にしていくためには具体的にどのような実践をしたらよいのか見えない状況であった。

　エンゲストローム（1987）によると、コミュニティが本来的に抱える矛盾が根本的な実践構造の変革を生むと言う。のちに「Re〜らぶ」は、「居場所」から「働く場所」へとこのコミュニティが担う役割を変化させ、その実践活動を生成していったが、この時期に「Re〜らぶ」が抱えた矛盾がのちにコミュニティ、そしてコミュニティの実践を変化させた原動力になったと考えられる。矛盾を抱えた

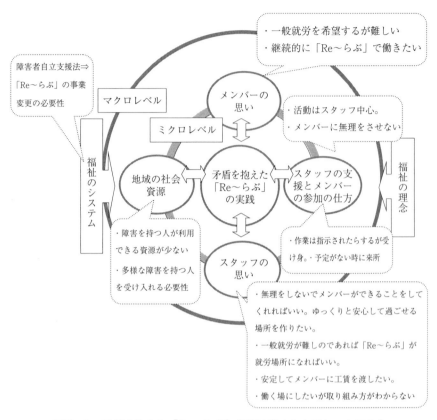

図5-3 矛盾を抱えた「Re〜らぶ」を取り巻くミクロとマクロの力

「Re〜らぶ」を取り巻くミクロとマクロの力を図5-3に示す。

3．実践へのアクセスの組織化——「石けんづくり」の活動を中心に——

　ここでは矛盾を抱えた「Re〜らぶ」が「居場所」から「働く場」にその活動を変化させていったプロセスを「Re〜らぶ」が開設されて以来継続して行なわれ、今現在でも授産活動の中心となっている「石けんづくり」を通してみていく。
　状況的学習論は、従来の認知心理学的な個人の知識や技能の獲得を超えて、学習を社会的実践としてあるいは社会的実践に埋め込まれたものとして、見ようとしたものである。このような観点からすれば、学習とは、実践へのアクセスの組

図5-4 「石けんづくり」への参加の軌跡

織化の問題のこととなる（上野,2006）。ここでは、まず、アクセスの組織化のあり方に注目をすることを通して、「石けんづくり」へのアクセスがどのようにして可能になり、この活動にメンバーとスタッフがどのように活動に関与してきたのか、その参加の軌跡を説明するとともに、このことから「Re〜らぶ」というコミュニティの変化のプロセスを明らかにしていく。

これまで「Re〜らぶ」での「石けんづくり」にメンバーとスタッフはどのように従事してきたのか、両者のこの活動へのアクセス、そして、この活動への参加の軌跡を概観すると、そのプロセスは図5-4のような3段階のフェーズに分けられる。

それぞれのフェーズが出現した時期とその概要は次のとおりである。フェーズⅠは2003年4月から2005年秋までの期間で「石けんづくり」はスタッフ主体で行なわれていた「Re〜らぶ」が「居場所」として機能していた頃から「働く場所」への変更を模索し始めるまでの時期である。フェーズⅡは、2005年秋から2006年春頃までの時期にあたり「働く場所」への移行を試みていた時期である。メンバーの「石けんづくり」の参加の機会へのアクセスが保障され、これまでの「石けんづくり」の経験が集積されてきたと同時に今までのメンバーと異なる価値観、「異質性」を持った新しいメンバーの参加によりメンバーとスタッフの「石けんづくり」への参加の仕方が変化し始めた時期である。そして、フェーズⅢは2006年春からの時期でメンバーの「石けんづくり」への参加のアクセスとはこれまでと異なり、「石けんづくり」の分業化とメンバーの積極的参加など「石けんづくり」へのアクセスが組織化された時期である。それでは以下にフェーズⅠからフ

ェーズⅢにおけるメンバーとスタッフの「石けんづくり」への参加の軌跡を具体的に記していく。

（1）フェーズⅠ：「居場所」としての「Re〜らぶ」でのスタッフ主体の「石けんづくり」

　先に第3節1.（2）においても居場所としてはじめられた「Re〜らぶ」での「石けんづくり」の様子を紹介したが、ここでもう少し詳しく述べる。「Re〜らぶ」が作られてからしばらくの間、「石けんづくり」の主体となって作業をしていたのはスタッフであり、メンバーは「石けんづくり」に「手伝う」というかたちで周辺的に活動に参加していた。「石けんづくり」は不定期で行なわれ、毎日行なわれることもなく、いつ行なうか、どの工程の作業をするかは、今まで作った石けんの乾燥の状況や在庫、材料の有無、そしてバザーの予定などを考慮しスタッフが決定していた。また「石けんづくり」作業も段取りから進行、そして後片付けなどもスタッフが中心になって行ない、スタッフが「できそうなこと」、「してくれそうなこと」をメンバーに「○○さん、何々してくれる？」という質問とも依頼とも受け取れる発言によって始められ、メンバーは作業に加わる。その当時の「石けんづくり」の様子の典型的事例は先のエピソード5-1で説明したとおりである。メンバーは、自分が他の予定がない時はスタッフの声かけのもと作業に加わるが、作業の間はスタッフが常にメンバーと一緒にいて、一工程ずつの指示のもと作業は進められる。スタッフは始めから全ての工程を一度に説明し、指示することはしない。メンバーも一工程が終われば、次の指示を待つ。自分たちから次の工程に進めることほとんどはなく、壁に作り方の工程を書いた紙が貼ってあったがそれをメンバーが見ることはなかった。スタッフが常にメンバーの作業の様子に目を配り、適時、指示や支援のもと「石けんづくり」は行なわれていた。このように「石けんづくり」はスタッフ主体で行なわれ、メンバーの作業へ参加はスタッフの「手伝い」でありメンバーが「仕事」としてその役割をになっていくべきであるという認識はメンバーとスタッフともに持っていなかったようであった。

　次の事例も「石けんづくり」がメンバーの「仕事」であると認識されていないことを示しているものである。「Re〜らぶ」の設立当初はメンバーが少なかったこともあり、ボランティアが頻繁に来所し「石けんづくり」を手伝ってくれていたが、当初は、作業に加わるメンバーよりボランティアやスタッフの数の方が多

いことがあった。また、「石けんづくり」の工程のうちナイフを使って石けんを
形成する作業やラッピング作業などの工程の難しい箇所は、スタッフやボランテ
ィアによって行なわれていたが、その間、メンバーは他の場所でおしゃべりをし
たりして過ごし、それを覚えようとする様子はなかった。メンバーはスタッフに
言われたこと、例えば石けんの種を混ぜることや作った石けんの種を容器に入れ
る作業などのみを行なうだけで、自分たちから能動的に作業に加わることはしな
い。スタッフもメンバーが「石けんづくり」の知識や技能を習得し、積極的に「石
けんづくり」に参加できるようになるのをあまり期待していないようで「石けん
づくり」の工程やそれぞれの作業が持つ意味などをメンバーに詳しく説明するこ
とはなかった。メンバーにとって「石けんづくり」はスタッフの「手伝い」であ
り、特に役割を課されることもなく、依頼されて行なう作業に周辺的に参加して
いた。

　このようなやり方でスタッフとメンバーによって「石けんづくり」は行なわれ
ていたが、スタッフは「石けんづくり」の知識や技術向上のため積極的に勉強会
に参加した。石けんは福祉の場で販売する目的で作っていたが、スタッフは、一
般商品と品質が劣らないものを目指し「石けんづくり」を工夫していった。その
結果、バザーでの石けんの販売数は少しずつ増加し、バザーで買ってくれたお客
さんが直接「Re〜らぶ」に買いに来たり、バザー以外の場でも一般のお店など
で「Re〜らぶ」の石けんを置いてくれるところができるなど石けんの売上は伸
びていった。そのため作業所で行なわれる「石けんづくり」の回数も増えた。メ
ンバーは自分の予定を優先させ通所していたので断続的ではあるものの「石けん
づくり」を手伝う回数が増えて少しずつ作業に慣れていたはずだが、しかし、ど
こまで作業を覚えているのかは不明だった。

　ある日、他の作業と重なりスタッフは忙しくしていて、通常「石けんづくり」
の際はスタッフがメンバーの横で作業の様子を見て一工程ずつ指示をして作業を
進めていくのだが、メンバーをその場に残し、スタッフはその場を離れざるを得
ない時があった。スタッフは、他の仕事を同時並行でこなしながら、メンバーが
作業を終える頃合を見計らい、作業の進行状況を確認しに来ては、次の作業を指
示するようにしていた。メンバーは断続的に参加してきた「石けんづくり」に慣
れてきたとはいえ、メンバーだけで作業を行なうと、作業の一部の工程をし忘れ
たり、工程によっては素早く作業を進めなければならない作業もあるのだが手間

取ったりしてしまうのだろう。この頃はまだ円滑に作業を進めるためには、やはり細かな支援を必要としていた。

　断続的とはいえ、長期間にわたり「石けんづくり」を続け、メンバーの「石けんづくり」の参加の回数も増えたのにもかかわらず、なぜ、メンバーの「石けんづくり」への参加は依然として周辺的にとどまり、このようなスタッフ中心の進め方で「石けんづくり」は行なわれたのだろうか。その理由を例えば、メンバーが高次脳機能障害を持っているので作業を覚えることができなかったなどという個人の属性だけにその理由を求めるのは間違っている。メンバーはフェーズⅡ、Ⅲにおいて「石けんづくり」の作業に積極的に関わり、自分たちが担える作業を増やし役割を担っていった。それはやはりこの時期、メンバーとスタッフがともに「Re〜らぶ」は「居場所」であり、一般就労に就けるまでの一時的にいる場所であるという意味づけや、そしてそのような意味の場で行なわれる「石けんづくり」はメンバーの仕事ではなく責任や役割を持たなくてもよいという認識が共通にあって、スタッフはメンバーに「石けんづくり」に深く関わっていくことを求めないし、メンバーも「石けんづくり」が自分たちの仕事であるという意識がないのでこの作業に積極的に関与をしないでいるという行為につながったのである。メンバーは自分の予定のない時など不定期に「Re〜らぶ」に来所し、「石けんづくり」を手伝う。そのようなメンバーに対してスタッフは、メンバーそれぞれが無理のない程度に自分たちができることをしてもらえればいいと考えてメンバーに作業に加わらせた。このようにメンバーとスタッフ双方によってこの活動へのアクセスを制約してしまう形で「石けんづくり」が行なわれていた。

(2) フェーズⅡ：経験の集積と新たなメンバーの参加による活動の変化

　上記のフェーズⅠで述べたようなメンバーとスタッフの双方によるアクセスの制約のもと「石けんづくり」は、少なくとも筆者がこのフィールドで参与観察を開始した2003年からでも２年以上続いていたが、2005年秋頃から少しずつではあるが、「石けんづくり」の取り組みへのアクセス、そしてスタッフとメンバーのこの活動への参加の仕方が変化していった。

　これまで「Re〜らぶ」はメンバーたちの一時的な「居場所」とされてきたが、2006年に障害者をめぐる新たな法律が施行されることが決まり、「Re〜らぶ」はその事業展開を検討しなければならなくなった。同時に、「Re〜らぶ」において

は新しいメンバーが加わるとともにこれまでのメンバーのニーズとスタッフの思いも少しずつ変化していった。この二つの要因により「Re～らぶ」が障害を持った人のための「居場所」から「働く場」に変えていくことになったことは先に述べたが、2005年秋に発行された「Re～らぶ」の会報の巻頭の「あいさつ」にスタッフは自分たちのその頃の思いを書いている。その「あいさつ」の一部を原文のまま資料5-2に記しておく。

　制度的にも、そして、メンバーのニーズからも「Re～らぶ」を就労の場にしたいというスタッフの思いのもと、メンバーとスタッフがどのような相互行為を行ないコミュニティを変化させてきたのか以下に明らかにする。

資料5-2

　メンバーさんは日々の活動を通し体験することで、自ら向上しようとする気持ちを肌で感じとることが出来ます。最近耳にした言葉で「俺はRe～らぶに来て仲間が出来、毎日が最高に嬉しい」この言葉が私たち携わる者の喜びとなり、使命感を改めて認識させられました。メンバーさんは自立をめざし精一杯日々とりくんでいますが、いざ就労となると、現実は厳しいものがあります。Re～らぶが就労の場として働く事が出来る環境を作ることが急務と感じております。どうぞ関係各位のご尽力をいただき早期に私たちの望みが成就する事を祈るばかりです。

　　　　　　　　　　　　—会報「Re～らぶ」第14号　2005年10月10日発行—

1）参加の機会へのアクセスの保障：石けんプロジェクト

　先の3節2.「居場所」としての「Re～らぶ」が抱えた問題の中で述べたように「安定して工賃をメンバーに渡したい。それがここを運営するものの責任」と言うようになったスタッフは「Re～らぶ」を働く場にして、そして少しでも多くの工賃をメンバーに渡せるようにするにはどのような取り組みをしたらよいのか模索していた。「Re～らぶ」を運営する特定非営利法人（NPO法人）「Re～らぶ」の理事やその支援者などを通してスタッフはこの事業所で請け負える仕事はないか探した。「Re～らぶ」のような小さな福祉施設においてはメンバーの工賃につながる授産事業は石けんなどの自主製品の製作、販売や箱おりなどに代表される企業からの下請けの仕事が主になることが多い。「Re～らぶ」では設立以来、自主製品の一つである「石けんづくり」には力を入れていたが、2004年度におい

てはメンバーの工賃は一人あたり月平均3,255円で決して十分な金額ではなく、現状では販路も限られている自主製品だけではメンバーの工賃を伸ばしていくことには限界があり、企業からの下請けの仕事も探さなければいけないという認識がスタッフの中でなされていた。そのような中、これまでの「Re〜らぶ」の石けんを評価していた福祉連合会が、ある企業が自分の会社で販売する石けんを製造してくれるところを探していると紹介してくれた。この紹介された仕事の内容は、ある自然香料が入った石けんを2006年3月までに1万個製作するということであった。

　はじめこの話を聞いたスタッフは、1万個という数を聞きこれまで作ったことのない個数に驚いたとともに、それ以上に確実に入ってくる収入源が確保でき、メンバーに今までよりも多くの工賃を渡せる可能性があることを喜んだ。しかし、「Re〜らぶ」では今まで香料入りの石けんを作ったこともなく、また、数名のボランティアが手伝ってくれるとはいえ従来通りの作業の進め方でスタッフとメンバーで石けんを1万個も果たして作れるのかという議論がなされたが、とにかく工賃を確保するためにも自分たちでやってみようとの結論を出した。

　だがその前に、クリアしなければならない課題があった。この仕事を受注するにはその香料が入った石けんの試作品を作り、それがその会社に認められなければならないという条件があった。スタッフの手により試作品作りが始められたが、なかなかうまくいかなかった。本やインターネットから情報を集めたり、他の石けんを作っている施設に見学に行って作り方を教えてもらったりしながら苦労してやっと発注してくれた企業が認めてくれるものができるようになった。その時初めてスタッフから「企業から石けん1万個の受注を受けて、これから作業所として取り組むことになった」とメンバーに伝えられた。この石けん1万個の製造の作業は「石けんプロジェクト」と呼ばれるようになっていった。

　すぐに作業は開始された。まずは、一度に大量に作らなければならなくなったので石けんの溶液を固めるプラスチックの容器が大量に買い足され、今まで石けんの種を混ぜていたバケツも一度にたくさん作れるように大きめのものに取り替えられた。事業所の内部も「石けんづくり」がやりやすいように整理され、今まで不定期で行なわれていた「石けんづくり」であったが、特別の行事がない時以外は「石けんづくり」が行なわれるようになった。石けん1万個の受注が決定し、作業をし始めた頃は、従来通りにスタッフ主導でスタッフが常にメンバーと一緒

にいてメンバーに一工程ずつ「○○君、何々してくれるかい？」という依頼とも
とれる指示をしながら作業をすすめていた。メンバーもスタッフに声をかけられ
ると作業に加わる。石けんを数多く作らなくてはならないため、メンバーは来所
すれば「石けんづくり」の作業があるので以前のように「Re〜らぶ」で何らか
の活動をしないでのんびりとして過ごす時間は少なくなった。

　しかし、石けんを多く作るにつれ問題がいろいろと出てきた。石けんの材料と
なる廃油の状態よって石けんの色や乾燥した後の手触りにも違いが出る。今まで
は、バザーで売られるものであったので売るのに適さない色の悪いものや表面が
少し湿り気のあるものでなければ、多少商品にばらつきがあっても品質には問題
がないので販売されていたのだが、今度はやはり受注を受けた一般の商品である
ので大きなばらつきは許されなく品質を均一にしなければならない。また、石け
んを乾燥する時には気温の影響を受けやすいちょうど秋から冬の気温の変化が大
きい時期と重なり、乾燥具合や出来上がりの石けんに差が出てしまうことが多か
った。受注してくれた企業からも石けんの色にばらつきがあることなど指摘され、
商品にならない製品が多く出た。スタッフは悩み、作り方の工夫に取り組んでい
たが、メンバーはこの状況をあまり把握していないのかあまり心配している様子
が見られず、メンバーはこれまでどおりスタッフから言われたことのみをすると
いう作業の参加の仕方が続いていた。このことは進行中の活動へのメンバーのア
クセスは制約されたままであることを示している。

　このように行なわれるようになった「石けんづくり」であるが、スタッフのメ
ンバーの特性を理解した上の支援のもと作業は行なわれていたのでこれまでと変
わらずメンバーは自分たちに合ったペースは保たれ、苦手なこと、難しい作業を
メンバーが請け負うことはなかった。しかし、ほぼ毎日「石けんづくり」を行な
う作業所にこれまで自分の予定を優先し通所が断続的であったメンバーも体調が
悪い時や通院などの限られた時以外に休むことはほとんどなく継続して作業所に
通うようになってきた。「Re〜らぶ」に来れば仕事があり、スタッフの指示のも
と受動的ではあるがそれぞれ自分が何をやればいいのかということがメンバーの
中で明確化し、同時にスタッフの支援のもと自分に課された役割は適切に行なう
ことができるので安心して活動できる。このような経験の繰り返しが「Re〜ら
ぶ」への通所する動機につながっていった。つまり、ルーティン化した作業があ
り、スタッフの細かな支援のもとその作業を各自が確実に行なえるようにするこ

とが参加の機会へのアクセスをより可能なものにしている。予測可能なルーティンが形づけられることは日常生活の安定にもつながり（小倉, 2005）、そしてまた、自分に課された役割を適切に担えるという体験の連続がメンバーの活動への参加の機会を増加させる要因になっていた。

2）異なる価値観を持つメンバーの参加

この時期、メンバーの「石けんづくり」の参加の機会へのアクセスが保障されたと同時に少しずつではあるがメンバーの「石けんづくり」への参加の仕方が変化してきた。そこには新しいメンバーの参加が起因していた。ウェンガー（1990）は、実践の変化がいかにして起こるか議論しているが、複数の実践のコミュニティに周辺的に関与する者の中に、コミュニティに新たな知識や技術を持ち込む人の存在をあげている。ウェンガーはエッカートを引用し、この新たな知識や技術がそのコミュニティの参加者の目にそれが価値のあるものと受けとめられキャピタルとして映る時、こうした知識や技術を持ち込む人々を知識ブローカーと呼んだ。知識ブローカーのような個人が複数の実践のコミュニティを橋渡しすることにより、実践のコミュニティに新たな知識や技術を持ち込む時、コミュニティへ変化をもたらすエージェントとなりうるとしている（ソーヤー, 2006 b）。

これまでも新しいメンバーが「Re～らぶ」に加わっていたが、この時期のメンバーの作業への参加の仕方に少なからず影響を与えたと考えられるメンバーは、脳血管障害の後遺症として高次脳機能障害を持った50代のＳさんである。病気を発症にする前は豆腐作りの職人であったが、病院を退院しても残念ながら後遺症と職場の都合のため職場復帰が果たせなかった方である。「Re～らぶ」に来るようになってからしばらくの間、今までいたメンバーとの年齢差があり、また、作業所に通所するのも初めての経験であり、そして病気が回復してからの日数があまり経ってないことや今後の経済的な問題も抱え表情も固いことが多かった。朝の会や終わりの会などメンバーがみんなの前で話す機会もあるのだがその時にも口数は少なく作業にも他のメンバーと同じように参加するように言われたら加わるという状態であった。しかし、「石けんづくり」に参加する経験が多くなるにつれ、Ｓさんはよく話すようになり、表情も明るくなっていった。Ｓさんはメンバーの中でその当時は最年長であり、職場の経験もあったことでメンバーにもスタッフにも一目置かれるようになっていった。

「石けんづくり」と豆腐作りが似ている点があるせいか豆腐作りの知識や技術、そして「石けんづくり」に使えそうな道具を紹介することもあった。例えば、これまで石けんの種を混ぜるときはメンバーが交代をしながら大きな泡立て器で混ぜていたが石けんを一度に大量に作らなければいけなくなった時、それはあまりにも大変な作業となった。このメンバーとスタッフはその解決策を共に考え、コンクリートを混ぜるときのミキサーを導入することにした。このエピソード以外にもこの新しいメンバーは自分の持っている知識を聞かれたり、自分から新たな作業の手順を提案し、メンバーやスタッフの前で話すことがあった。下記のエピソードはその一つの事例である。

エピソード5-4
（背景）
　前日、石けんの前処理（種の混ぜ方）を工夫したほうがいいのではないかとSさんはスタッフに話したとのこと。スタッフはそれを受けこの日の午後、どのようにしたら石けんの種がうまく混ざるのかをメンバーとスタッフで話し合うことにした。スタッフはあらかじめSさんから出されていたアイディアをみんなに話し始めた。
（エピソード）
　スタッフはみんなの前にあるホワイトボードに書きながら説明をし始めた。「今までのこういうタンクの中でこういう風にプロペラを入れてこういう風に混ぜていました。これならぐるぐる回っているだけでうまく混ざらないんじゃないかという意見がSさんから出て。じゃ、どういう風にしたらうまく混ざるのかなということで。お豆腐屋さんではどういう風にしているのかを昨日お聞きしました。こういう風に板をつけるとぶつかって混ざるよって。横から見ると・・・タンクの中に薄い板をつけるとうまくいくという意見がSさんから出ました。問題はポリタンクにどうつけるか、または、他の方法でうまく混ぜる方法があるのかということをみなさんのお知恵をいただきたいのですが。」と言う。続けて別のスタッフは今スタッフが言ったことをSさんに確認する。「この通りに（従来の混ぜ方の絵を示して）今、バケツでぐるぐるまわしているのだけど、（新しい混ぜ方の絵を示して）このようにで、Sさんいいのですか。」と聞く。Sさんは「一応ね。」と答えた。（中略）Sさんはさらに新たなアイディアを述べ始めた。「こういう方法もあるの。へらをこうまわしてこう8（著者注：8の字に回すという意味）にする…。」と説明を始めた。

これまでＳさんのように作業の進め方や工夫について意見を求められるメンバーはいなかったが、Ｓさんの意見が取り上げられるときには、上記の事例のように他のメンバーもその話し合いに加われるような機会が設けられることが多かった。このような機会を通してこれまでいたメンバーが新たな活動へアクセスできることを学び、Ｓさんに準じて行動をすることで作業へのコミットメントを深めることにつながっていった。

　また、Ｓさんは「社会のルール」や一般の会社にあるような「職場のルール」という規範も「Re〜らぶ」にブローカリングした。ブローカリングとは、他のコミュニティから知識や技術を持ち込むことを言い、それによりコミュニティに変化をもたらすことがある。つまり、Ｓさんは、「Re〜らぶ」に「石けんづくり」の新しい知識や技術を持ち込んだと同時に社会や職場のルールといった新たな知識を紹介し、「Re〜らぶ」というコミュニティを変化させていった。

　Ｓさんは、「自分たちは働いているんだから」と言い、「Re〜らぶ」が仕事場であるという意識を明確にするとともに、Ｓさんの社会や職場での規範に反するメンバーに対しては「そんなの社会では許されない」、「職場っていうのはなあ」と注意することもあった。これまで「Re〜らぶ」ではメンバーがメンバーに注意をすることなどほとんどなく、作業所以外の社会のルールを持ち込こみ、比較するということは見られなかったことだった。これまで「Re〜らぶ」ではメンバーが守るべきルールが明示されることはなかったが、その後「職場でのルール」や「社会人として必要な条件」など話し合う機会が設けられ「Re〜らぶ」での行動規範や自分たちがこれからどのようなことを身につけなければいけないのか確認された。

　このようなＳさんの振る舞いは少なからず他のメンバーに緊張をもたらすことになった。Ｓさんが「Re〜らぶ」に積極的に参加するようになってからメンバーの作業の関与の仕方にも変化が見られ始めた。スタッフからの一工程ずつの細かい指示を待って次の作業を開始するという状態から、これから何をするのかスタッフから簡単な指示をされるだけで作業をすすめるようになっていった。また、指示されなくてもメンバーが自主的に作業の準備を開始して作業の段取りを行なったり、作業が終った時にはスタッフに言われなくてもその片付けを自主的にするようになっていった。

スタッフは「メンバーはモノがあると何をすればいいのかわかるのよ。」と言うことがあった。メンバーは働く状況におかれれば自然に身体が動くようになってきたとスタッフは感じているようであった。これらは「石けんづくり」を頻繁に何度も繰り返すことにより、メンバーがその作業に慣れてきたことも確かにあるが、しかしながら、先述したSさんの影響が大きい。Sさんにとっていつも行なっている自分ができる作業を自発的に行なうというのは「社会人のルール」であるらしかった。その日のしなければいけない作業を理解し、自分ができることはスタッフの指示がなくてもすすめていく。何人かのメンバーもSさんにつられるように一緒に動き、メンバーがスタッフの細かな指示がなくても取り組める作業は自主的に行なった。同時に、今までメンバーが関与しなかった工程にもスタッフに教えてもらいながら作業に加わる場面が出てきたが、それは、Sさんに引きずられるようにしてメンバーの「石けんづくり」へのコミットメントが深まったことと、新たな作業でも自分が可能な作業は取り組んでみたいという前向きな気持ちが出てきたこと、同時にスタッフの方でも、メンバーの作業状況を見極め、新しい作業に取り組んでもらってもいいのではと判断したからだと推測される。このようにしてメンバーの「石けんづくり」への参加が深まっていった。

この時期、スタッフとメンバーの「石けんづくり」への参加の仕方にこのように少しずつ変化が表れ、メンバーがこの作業にアクセスできることが増えてきたが、これは先述したように「石けんづくり」への参加のアクセスが保障され「石けんづくり」の経験の集積ができたことを基礎に、知識ブローカーとなった新しいメンバーの影響によって今までいたメンバーがより広範囲の進行中の活動にアクセスが可能になったことを確認しておきたい。

(3) フェーズⅢ：「石けんづくり」の分業化とさらなるアクセスの組織化

コミュニティでの実践活動へ参加するには、広範囲の進行中の活動、古参者たち、さらにコミュニティの他の成員、さらには、情報、資源、参加の機会へのアクセスが必要である（Lave & Wenger, 1991）。多様なリソースや活動へどれほどアクセスが可能かといったことが、実践のコミュニティの参加のあり方を示しているともいえる。「Re〜らぶ」では、石けん一万個の製造を開始してからまもなく「石けんづくり」の参加の機会へのアクセスが保障されたとともに少しずつであるがメンバーは多様なリソースや新しい活動にアクセスするようになっていっ

た。このフェーズⅢの時期にはそれがさらなるアクセスの組織化がなされていった。

1）「石けんづくり」の分業化

　企業からの委託を受けた一万個の「石けんづくり」がはじめられてからこれまで煉られて型に入れられた石けんは次々と次の工程である削りや磨きなどの作業にまわってきた。納期までに一万個を製造するには石けんの種作り、型入れ、石けん乾燥、削り、磨きなどの形成作業、そして製品のラッピングなどのいくつかの工程を同時に進めなくてはならなくなり、メンバーもそれぞれ異なる作業に関わる必要性が発生した。スタッフは、メンバーを石けんの種作りから型入れ、乾燥作業、石けん磨き、石けんの形成、ラッピングをする班に分け、それぞれの工程の作業を中心的に担う役割をこの班分けによりメンバーに持ってもらうことにした。この班分けは、メンバーの能力や適性や体力などを考え行なわれた。スタッフは、「障害が重い軽いは関係ない。それぞれができることから取り組む」、「自分たちのできる所から」と言い、これまで同様にメンバーに無理はさせることはなくメンバーに合ったできそうな作業を頼み、今ある能力を使ってそれぞれのペースで確実に仕事をこなせるように支援することを「Re〜らぶ」の支援目標としていた。メンバーは、それぞれ高次脳機能障害、知的障害、精神障害を持っていたが、それぞれできることは異なる。手先の器用な人もいれば不器用な人もいる。数を数えることに苦手さを強く感じている人もいる。また、作業に集中することが難しいメンバーもいる。作業を細分化し分業することは、どのような障害を持っていても「石けんづくり」の作業工程において何かしらその人が遂行できる仕事を見つけ活動に参加する機会を作り出すことになる。この分業化によるメンバーへの作業の振り分けはメンバーの意思をスタッフが確認しながら行なわれた。この班分けによりメンバーが行なう作業もさらにルーティング化することができ、それぞれの能力にあった作業にさらに安定して参加できるようになっていった。今現在の石けんの工程とは異なるが当時の工程を表5–1に記しておく。

　経営学において分業は労働生産性を上昇させると言われている。その理由として3つの要因が示されている。第一に作業の繰り返しによる労働者の技能向上、第二に作業を変更する場合にかかる時間のロスの減少、第三に幅の狭い作業をすることで作業の改良の効率化するための道具や機械の発明につながるということ

表5-1　2006年当時の「石けんづくり」の工程

作業工程	工程	作業の内容
1	種づくり	お湯が入った大きな鍋に薬剤を溶かす。溶け終わったら油を入れてプロペラでかき混ぜる
2	型入れ	石けんの量を計りながら型に流していく。ゆっくりしていたら石けんが固まるので急いで作業を行なわなければならない。型に流し込む、計量する、石けんが入った型を乾燥させる場所へ運ぶ作業が含まれる
3	乾燥	乾燥中の石けんを並べ替え石けんが均等に乾燥するようにする。ある程度石けんが乾燥したら型からはずす。使い終わった型は洗浄する
4	石けんの形成	型から取り出され乾燥した石けんをナイフで整えて形と質量をそろえる
5	石けんの磨き	形成が終了した石けんをタオルで磨き、光沢を出す
6	ラッピング	磨きが終了した石けんをビニールで包装し、リボンで縛る
7	削り	商品に適さない石けんを特製のカンナで削り、粉石けんを作る

が挙げられている。これらを意識してスタッフは分業化を行なったわけではないが、確かに分業化することで作業の効率化が図られたといえる。しかし、「Re～らぶ」においてはそればかりでなく作業を細かく分業することは多様な障害を持つメンバーにそれぞれ自分たちができる作業を確実に行なえるように配置し、支援するためという意味を持っている。つまり、メンバーの作業への参加のアクセスを確実なものにするためにアクセスのデザインを行なうということを意味するのである。このデザインという言葉は、もちろんウェンガー（1998）の学習環境のデザインからきており、学習者が実践のさまざまなリソースにアクセス可能な空間的、社会的なデザインを行なうこと指す。例えば、学習を援助するリソース、社会的組織、実践のコミュニティへの参加の機会、そして実践におけるさまざまな活動や機会、人工物やメンバーへのアクセスをデザインすることである。ウェンガー（1998）は「まず初めになすべき事は、従事する機会を用意する」（p.271）ことが必要であると言う。

2）作業の把握

　分業をすることで自分が担う作業が明確になり、メンバーは自分がその日どのような作業をどれくらいしなければならないのか把握できるメンバーも出てきた。

「今日は、これをすればよいのでしょ」とメンバー自らその日に加工しなければならない石けんが入っている籠を示すこともあった。しかし、経営学では分業化には2つの問題点が指摘されている。一つは当然ながら同じことを繰り返していると人は飽きてやる気が削がれてしまうこと。これに対してスタッフは次のように対応していた。メンバーが今と異なる作業をしたいと申し出た場合、スタッフはメンバーの意向を尊重し希望する作業にまずは加わってもらい実際にその作業を体験してもらうことを基本とする。実際に新しい作業をやってみてできそうであり、メンバーが希望すれば新たな作業班に入ってもらう。しかし、その作業が難しそうであればメンバーに納得してもらい元の作業に戻ってもらう。時にはメンバーの方から作業にチャレンジしたものの難しいからかやっぱりいいと言って元の作業に戻るときもあった。このようにメンバーの意思を尊重しつつ分業化は柔軟に行なわれていた。二つ目の分業化の問題点として、分業することで仕事の全体像が捉えにくくなること、作業工程の全体の中で自分がどのような役割を果たしているのか見えにくくなることが挙げられる。スタッフは意図的にではないが、実践の中で状況的にこれらの問題に取り組んでいた。

　これまでも「Re～らぶ」では朝の会や終わりの会などのミーティングの時間は大切にされていた。主に朝の会ではその日の予定を確認し、終わりの会ではその日の行なった作業や一日の感想が話し合われるが、話し合わなければいけないことが多くあるときにはこれらのミーティングは1時間近く時間をとって丁寧に行なわれることがあった。これまでの朝の会ではこれまでスタッフが「○○さん、今日は○○をお願いできますか」というスタイルでその日メンバーが行なう作業を伝え、予定を確認していたが、分業化された後では、その日行なわなければならない作業を把握し、「今日は○○します」と自分の予定をスタッフに伝えるメンバーもいた。また、作業の把握が不十分な場合でもスタッフとメンバーが一緒になって前日までの作業状況を確認してその日の作業予定と作業目標が決められた。終わりの会では、これまでと同様にメンバー一人ひとりがその日の自分の行なった作業の報告と一日を通して感じたことを発表するというスタイルは変わらないが、その日行なった活動の内容や進み具合、その日自分が携わった石けんの数や製品の状況などこれまで以上に詳しくその日の作業結果が話されるようになった。

　ミーティングの進行を行なうのはスタッフであるが、メンバー一人ひとりの発

言を巧みに引き出しながら司会を行なう。メンバーの発言はスタッフにより何かしらコメントをつけて返され、その発言が理解、あるいは承認されたことが示される。朝の会ではメンバーの予定を聞いて「○○お願いしますね」などの予定の承認と作業の依頼を兼ねたような応答、帰りの会ではその日の作業の様子を聞くと必ずコメントを加えて「○○さん、お疲れ様でした」と必ず作業を行なったメンバーへのねぎらいのことばを付け加える。これまでもスタッフはメンバーに対して受容的・呼応的な関わりを通してきたがこの場でも同様であった。受容的・呼応的関わりで実現される関係は、自分を聴いてもらう経験と、他者の語りに聴き入る経験を同時に含むものだと言われている（岡田, 1993）。このような受容的・呼応的な関わりの中で行なわれるミーティングで一人ひとりの発言を促すことは、各自の作業目標やその日行なった作業内容や作業結果をそれぞれ確認する機会になるとともに、同時にそれを他のメンバーの前で話すことはお互いの作業内容や作業結果を理解して情報を共有し、全体の作業の状況を把握すると共に自分が行なっている作業を反省的に捉えることに結びついていく。また、それぞれの情緒面に関わること、その日の感想やそれぞれの思いを発表し共有していく試みは、他者理解にもつながり、関係性を変えていく可能性がある。

　作業所の中には自分たちが作業を行なった結果であるこれまで完成した石けんの個数を示すグラフが貼られ、ミーティングの中でもスタッフから作業所全体の作業の進み具合やあとどのくらいで納期の目標に達するのかをメンバーに伝えられ、自分たちが行なった作業の結果をメンバーが理解できるようにしていた。このように自分たちがそれぞれ行なった作業とその結果、そしてさらには情緒面まで共有することで、自分がこれから行なわなければならない作業を理解することや作業への動機、そしてメンバー間の関係性も強められると共に「自分たちの仕事」という意識が明確化されていったと考えられる。出来上がったものから次々と石けんは納品され、それに従い労働の代価であるメンバーの工賃は増えていった。工賃が一万円を超えるメンバーもいた。この一連の「石けんづくり」の成果は、出来上がった石けんの数、そしてメンバーに渡される工賃として形になっていった。

　また、このような実践を通してメンバー間の関係性も深まり、新たな活動を生んでいった。その日行なう予定の仕事を早く済ませた班は、まだ予定の仕事が残っている班の仕事をすることが可能な場合は手伝いを自主的にしたり、活動時間

内で終わらない場合はその作業を「残業」してまで行なうということも見られた。「Re～らぶ」全体で「石けんづくり」に取り組んでいるというように思えた。また、「Re～らぶ」の外でもインフォーマルなメンバー同士の付き合いも見られ、メンバーは帰りに飲みに行ったり、お互い家を行き来するメンバーもでてきた。ミーティングという場でお互いの作業や思いを共有することで分業化の問題を乗り越えたとともに、このような一連の出来事は、広範囲の進行中の活動、そしてコミュニティのメンバーへのアクセスが可能になり実践活動への参加がさらに広がったことを意味していると言える。

3）「福祉的就労の場」としての「Re～らぶ」

　このように労働と人間関係をはぐくんできた「Re～らぶ」をメンバーは「職場」と呼ぶようになっていた。メンバーは、筆者を自分の知人に紹介するときに「おれの職場の」と言うこともあった。しかし、一方で「福祉的就労の場」としての意味づけもしっかりと残っている。体調を崩したり、プライベートな問題が発生し精神的に「Re～らぶ」に来れなくなるメンバーもいる。「作業所は身体の調子が悪ければ休んでもかまわない。その時は、必ず作業所に連絡をする。それが会社でのルール。作業所も同じ。」と言うメンバーがいる。そのことに対して「会社だったら、そんなに休めない。休む事が許されない。」とそのメンバーを叱責するメンバーもいる。あるメンバーは、「普通じゃないから作業所に来ているのだから」とそれに反論し、休む時のルールは会社と同じだが、休む程度、状況が違うということを言うことがある。スタッフも「ここは福祉的就労の場だから、身体の調子が悪い時はしっかり休んで。無理しないで。」と一般の会社と作業所がまったく同じではないことをメンバーに言う時がある。

　また、一般企業であれば、作業目標を高く設定し、そして高い成果を出すことに価値が置かれるが、「Re～らぶ」ではそのような価値基準はない。先述したように朝の会や終わりの会でその日の作業目標やその日の作業内容、作業結果をメンバーは発表するが、スタッフはメンバーの持っている能力やその日の体調を考慮し作業内容や作業量を調整する。また、作業をいつもように進めることができなくても、そして、その理由が「気が乗らない」という理由であっても「そうだったのかい。大変だったね。」とねぎらいの言葉をかける。メンバーには「無理をさせない」というルールは一貫している。「障害は一人ひとりが違うこと、障

害が重度、軽度であってもその人のできることから取り組む」という「Re〜らぶ」の支援方針のもと、「一人ひとりが今できる能力を使ってそれぞれのペースで確実に作業をこなせるように支援する」ことをスタッフは支援目標としている。これらをスタッフの実践のリソースや制約としながら、スタッフはメンバーの「できること」を把握し、そしてその思いを受け止めながら、メンバーと共に状況的に実践を生成している。

2005年度末（2006年3月末日）、これまで納入してきた石けんはほぼ一万個に近くなり、残りの石けんの完成もめどがついた。この日の終わりの会では、2005年度の感想や来年度の抱負が話された。

エピソード5-5
（背景）

2005年度末（2006年3月末日）、これまで納入してきた石けんはほぼ一万個に近くなり、残りの石けんの完成もめどがついた。この日の終わりの会では、2005年度末ということもあり、その年度の感想や来年度の抱負をスタッフはメンバーに聞いた。

（エピソード）

メンバーのSさんは、この日の終わりの会の司会をしているスタッフから2005年度の思い出を聞かれて「酒と仕事をばりばりやるぞ。」と言いみんなに笑われる。一か月前に加わったメンバーのNさんは「来てから月日が浅いので迷ってしまうことも。まずは生活のリズム。いたらないですが、よろしく。」とまじめな顔で話す。続けて古いメンバーであるHさんは「17年度より、みんなより楽しく。10時までは確実に、O君、平均30分遅刻。お互いにがんばろう。」と言い、みんなの笑いを誘う。Mさんは「今年度はどうもありがとうございました。来年度もよろしく。」と言う。（中略）。メンバーの発表が終わると、スタッフが続けて話をした。スタッフのMさんは「17年度も忙しくあっと言う感じ…。石けん一つの方向に向かってみんなのやりやすい方向になって…。」と言う。続けて他のスタッフは「（前略）日常生活のリズムを整えることから。朝昼逆転から整えていって…。自主製品を作ったりして、自分のできることが増えていった。17年度は『石けんづくり』に取り組んで、18年度はもっと仕事がしたい、やってみたいというみんなの希望があって、…Re〜らぶは会社…みんなの働きやすい場所にして、一般の会社につなげていけたらなあと。みんな顔が変わってきた。仕事をしてもっと工賃をね。」とメンバーに話した。

4月上旬に石けんの納入がすべて終った時、スタッフは「石けんは、実績。経験の基盤。これができたから次の仕事ができる」と話した。この1万個の石けん製造活動は、スタッフやメンバーの自信となり以後の仕事への意欲にもつながったと同時に、この活動を通してなされた実践へのアクセスの組織化はメンバーとスタッフの実践への参加の仕方を変えこのコミュニティを「居場所」から「働く場」に変化させる原動力になっていた。

第4節　本章のまとめ

この章では、「状況的学習論」の視点のもと「Re〜らぶ」のスタッフとメンバーがどのように実践へのアクセスをし、このコミュニティに参加してきたのか、その軌跡を追うことを通してこのコミュニティの変化をたどってきた。ここで今回の変化の過程をまとめておく。

「Re〜らぶ」は障害を持つ人の「居場所」として始められ、そこに通うメンバーは一般就労を希望しておりそれまでの間、一時的にいる場としてメンバーとスタッフに理解されていた。そのような中で活動を開始した「Re〜らぶ」にメンバーは自分たちの予定がない時に来所して、スタッフから依頼された作業を手伝うが無理をしないというルールのもとの活動への参加であり、その実践へのアクセスはメンバーとスタッフの両者によって制約されていた。しかしながら、メンバーが再び就労を希望してもなかなかその実現や継続が難しいこと、「Re〜らぶ」で「働きたい」と希望するメンバーが新たに加わったこと、同時に制度的にも「障害者自立支援法」が施行されたことなどにより「Re〜らぶ」が「就労の場」として活動を変えていかなければいけない状況が発生した。

就労の場にするためどのような実践をすべきかスタッフは模索したが、石けん1万個という受注をタイミングよく受けその作業に予測可能なルーティンを形成することでメンバーの活動への参加の機会へのアクセスが確保された。そして同時にこのコミュニティにとって知識キャピタルを持つ新しいメンバーによるブローカリングの結果、メンバーがすべきことが広がり新たな活動にも参加できるようになった。さらには「石けんづくり」の分業化を通して広範囲への活動へのアクセスが可能になっていった。

実践のコミュニティは、その活動の意味を具体的な実践を通して見出していく

意味の場である。実践のコミュニティの参加者たちは自分たちが何をすべきか、またそれが自分とコミュニティにとってどのような意味があるのかについての共同理解がある活動システムへの参加（Lave & Wenger, 1991）をしているのである。場が持っている意味の理解はメンバーの実践へのアクセスのあり方に依存する。このように実践へのアクセスの広げていったメンバーにとって、そしてスタッフにとっても「Re〜らぶ」は「居場所」から「就労の場」として位置づけられるようになっていった。

文献

青木美和子　2008　小規模作業所における「共に生きる場」の生成－作業所の活動の変化「居場所」から「就労の場」へ－　札幌国際大学紀要　第39号　pp. 121-132.

青木美和子・白波瀬総子　2009　高次脳機能障害者に対する地域生活支援に向けて　札幌国際大学紀要　第40号　pp. 1-10.

青木美和子　2011　障害者と共に生きる　茂呂雄二・田島充士・城間祥子（編）社会と文化の心理学－ヴィゴツキーに学ぶ－　pp. 144-158. 世界思想社.

Engeström, Y. 1987　Learning by expanding: An activity-theoretical approach to developmental research.Helsinki: Proemta-Konsultit. 山住勝広・松下佳代・百合草禎二・保坂裕子・庄井良信・手取義宏・高橋登（訳）1999　拡張による学習－活動理論からのアプローチ－　新曜社.

平井京之介　2012　実践としてのコミュニティ－移動・国家・運動　平井京之介（編）実践としてのコミュニティ－移動・国家・運動　pp. 1-37　京都大学学術出版会.

いわて高次脳機能障害者・家族を支える会事務局　2004　いわて高次脳機能障害者家族を支える会つうしん.

厚生労働省　2007　平成17年度知的障害児（者）基礎調査.

Lave, J. & Wenger, E. 1991 Situated Learning: Legitimate Peripheral Participation. Cambridge: Cambridge University Press. 佐伯胖（訳）1993　状況に埋め込まれた学習－正統的周辺参加－　産業図書.

小倉啓子　2005　特別養護老人ホーム入居者のホーム生活に対する不安・不満の拡大化プロセス　質的心理学研究　第4号　pp. 75-92.

岡田敬司　1993　かかわりの教育学　ミネルヴァ書房.

ソーヤーりえこ　2006a　科学実践におけるブローカリングによるアイデンティティ形成　上野直樹・土橋臣吾（編）　科学技術実践のフィールドワーク－ハイブリッドのデザイン　pp. 177-193　せりか書房.

ソーヤーりえこ　2006b　社会的実践としての学習－「状況的学習論」概観－　上野直樹・ソーヤーりえこ（編）　文化と状況的学習　実践、言語人工物へのアクセスのデザイン　pp. 41-89　凡人社.

高木光太郎　1992　「状況論的アプローチ」における学習概念の検討 – 正統的周辺参加概念
　を中心として –　東京大学教育学部紀要　第32巻　pp. 265-273.

高木光太郎　2001　移動と学習 – ヴィゴツキー理論の射程 –　茂呂雄二（編）実践のエスノ
　グラフィ　pp. 96-128　金子書房.

田辺繁治　2003　生き方の人類学—実践とは何か　講談社現代新書.

田辺繁治　2010　「生」の人類学　岩波書店.

上野直樹　2006　ネットワークとしての状況論　上野直樹・ソーヤーりえこ（編）　文化と
　状況的学習　実践、言語人工物へのアクセスのデザイン　pp. 3-40　凡人社.

Wenger, E. 1990　Toward a Theory of Culture Transparency: Elements of a social discourse
　of the visible and the invisible. Doctoral dissertation, University of California, Irvine.

Wenger, E.　1998　Communities of Practice. Cambridge: Cambridge University Press.

第6章　共に働く場所へ
──「自分たちの作業所」という意味の生成──

　今日の福祉において地域での暮らしを支える支援は、どのような支援であっても本人が自ら選択し、主体的に生きていくこと、すなわち本人のエンパワーメントにつながらなければ意味があるとは言えないと考えられている。そのため支援者は障害者本人が主体的に社会参加し、充実した人生を送っていけるよう本人との共同作業の中で支援を行ない、障害を持つ人と対等な立場で本人の主体性を尊重した支援、自己決定や自己実現を図っていくことが求められている（加藤,2007）。では、このような福祉の理念をふまえて福祉サービス事業所は、現実にどのような支援を行なえばよいのだろうか。この章では、「Re～らぶ」における実践を通してこの問いについて考えていきたい。

第1節　問題と目的

　第5章では「Re～らぶ」が居場所から就労の場へとこのコミュニティが持つ意味を変化させたプロセスを追ってきた。このプロセスの分析から、スタッフの支援のもと、実践へのアクセスを広げていったメンバーとスタッフが共に関わりながら実践の組織化を実現したことが明らかになった。本章では、その後のコミュニティの変化をたどることにする。このコミュニティが働く場として意味づけられた後にも新たな活動が生成され続けている。スタッフとメンバーが相互に関わりながら生成した活動を通して、メンバーはコミュニティへの参加のありようをさらに変化させていった。この過程の中では、スタッフとメンバーは共に「Re～らぶ」のことを「自分たちの作業所」（筆者注：2006年当時は「Re～らぶ」はまだ作業所として運営されていた）と呼んだりする場面が見られたが、この「自分たちの作業所」という言葉が使用される時、筆者はその言葉が単に所属を意味するものではなく能動的な意味合いで使用されることを見出した。このことは、メンバーとスタッフが「Re～らぶ」というコミュニティの実践の意味を共

有し、さまざまな障害を持ちながらもそれぞれができることを通してこのコミュニティに主体的に参加することで、自分たちはこのコミュニティの「成員」であるという意識が形成されたからではないだろうか。この章では、「自分たちの作業所」という意味とその意味の生成過程を明らかにすることを通して、このコミュニティの変化に迫っていくことにする。

　ここでは「透明性」（Lave & Wenger, 1991, Wenger, 1990）という概念に注目して、この透明性が生成されていく過程の分析を行なう。この概念は、これまでは主に参加としての学習に関わる人工物の分析に用いられてきた。人工物の意味は、人工物そのものにより理解されるのではなく、それが存在して使用される文化的なコンテクストの中においてのみ明らかになると言う。こうした人工物の意味の理解は実践へのアクセスのあり方に依存することになる（ソーヤー, 2006）。例えば、ウェンガー（1990）がフィールドワークを行なった保険会社では、保険処理担当者は処理業務マニュアルに沿って顧客に支払うべき保険金を算出できるが、なぜ顧客にその金額が算出されるのかは保険処理担当者にはわからないようになっていた。このマニュアルという人工物が作られるにあたってはこの会社の複数のネットワークが関与しているのだが、そのネットワークへの保険処理担当者のアクセスは不可能であり、自分の行なう作業の意味がわからないままその作業は続けられていた。このような保険処理担当者にとっては、このマニュアルという人工物の意味は理解できないもの、「文化的な透明性」を持たないもの、「文化的に不透明」なものになっていたのである。

　このようにウェンガーの上記の例は、透明性が人工物の意味の理解に向けた実践のコミュニティへのアクセスに関わる概念であることを示しているが、この章では透明性は人工物の意味の理解だけに限定されたものでなく、その概念を拡張してレイヴとウェンガー（1991）の中で十分に議論が展開されることがなかった「諸活動の意味を可視的にする活動の組織化のあり方」（邦訳, p.88）に関する概念として捉えることとする。実践コミュニティにおける参加とその活動がどのような意味を持つのか、いかにしてコミュニティの参加者の中で相互に関わりながらこれらの活動の意味や価値を形成していくのか、これらを見出していくこと、これが透明性にまつわるプロセスとなる（伊藤ら, 2004）。透明性は、このように実践のコミュニティの参加者が互いに関わりを持ちながら活動の意味の共有化を実現していけるような実践の組織化のあり方を含んだ議論として捉えることがで

きる。したがって、この章では、この透明性の概念に基づき、スタッフはどのような実践へのアクセスのデザイン（Wenger, 1998）を行ない、メンバーとその活動の意味を共有化できるような実践を組織化したのかを明らかにすることを目的とする。

第2節　方法

　この章でも前の第4章と第5章に引き続き2003年4月から始めたフィールドワークの結果を用いる。ただし、本章で用いるデータは2005年以降のものである。
　2005年当時、筆者は今回のフィールドである NPO 法人「Re〜らぶ」の理事と調査者という立場でフィールドに入っていた。フィールドでは、これまでと同様にメンバーと共に作業に加わったり、レクリエーションやメンバーたちのインフォーマルな活動にも参加する機会を持った。同時に「Re〜らぶ」において毎日行なわれるスタッフミーティングに加わりながら参与観察を行なった。NPO 法人の理事会にも参加を求められ、出席した。また、スタッフから依頼があれば相談業務、生活支援業務にもスタッフとともに行なうこともあった。メンバーやスタッフと行なう活動の場においてのデータの取り方は、これまでのフィールドワークと同様にミーティングの場面ではできる限りその間の発話を筆記で記録するようにしたが、その他の活動において筆者はメンバーやスタッフと共に活動しており、また、場の雰囲気が不自然になるのを避けるためにメモやビデオなどの撮影は行なわなかった。そのため帰宅後、フィールドノーツをつける形をとった。2006年からはスタッフとメンバーに許可をもらいミーティングの場面などはボイスレコーダーで録音をしてデータとした。フィールドワークはこのように収集したデータとスタッフが記録した「Re〜らぶ」の活動日誌やスタッフ個人の「Re〜らぶ」での出来事などを書いた備忘録、そして2006年からメンバーが個別に記入するようになったノートや発行された会報も補足データとして用いた。

第3節　結果と考察

　フィールドワークで得られたエピソードを整理し、「自分たちの作業所」という意味の形成に寄与していると思われる実践を概観すると図6-1のように4つ

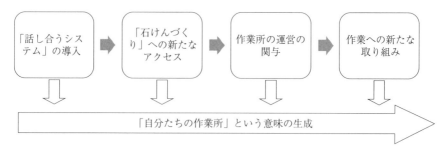

図6-1 「自分たちの作業所」という意味の生成のプロセス図

にまとめることができる。

以下にこの4つの実践についてその概略をまとめてみる。

①「話し合うシステムの導入」

　これまでの「Re〜らぶ」の朝の会や終りの会においてもメンバーとスタッフが話し合うことは大切にされてきたが、それをさらに拡大して自分たちの活動をどのように行なうのか話し合う場が作られた。

②「石けんづくり」への新たなアクセス

　新たな方法で「石けんづくり」の活動にアクセスすることでメンバーがさらに関与を深めていくことになった。

③メンバーの作業所の運営への関与

　メンバーに関係する作業所の運営に関わる情報をスタッフとメンバーが共有、あるいは決定しなくてはいけないことを両者で話し合い、決めることが行なわれた。

④作業への新たな取り組み

　「Re〜らぶ」で新たに取り組むことになった作業に対してどのようにしたらメンバーが作業しやすくなるかをメンバーとスタッフが共に作業をしながらその手順を協同して考えていった。

　ここでは、この4つの実践に関わる重要なエピソードを取り上げながらそれぞれの実践の様子を具体的に記し、メンバーがこれらの実践に参加できるようにスタッフはどのような実践へのアクセスのデザインを行ない、メンバーと活動の意味を共有できるような実践を組織化したのかを説明していく。

1. 「話し合うシステム」の導入

　前章で取り上げたように、これまでも「Re〜らぶ」では、スタッフのメンバーに対して受容的・呼応的な関わりの中で行なわれる朝の会や終わりの会などのミーティングの時間は大切にされていた。主に朝の会ではその日の予定を確認し、終わりの会ではその日の行なった作業や一日の感想が話し合われるが、話し合わなければいけないことが多くあるときにはこれらのミーティングは1時間近く時間をとって丁寧に行なわれることがあった。福祉の現場で行なわれるこのような話し合いは関係性の構築やコミュニケーション能力の向上などの目的で行なわれることもあるが、「Re〜らぶ」ではその他の目的を持って行なわれていた。では、この「話し合うシステム」の導入はメンバーとスタッフにとってどのような意味をもつのであろうか。

　この時期、話し合いの時間は朝の会や終わりの会だけでなく、日中の活動時間の中にも作られることがあった。そのような話し合いの中で議題にされたのは、スタッフが設定したメンバーたちが今後中心となって行なわなければならない活動に、メンバーがどのように取り組むかを考えていくことであった。進行はスタッフが務め、できるだけメンバーに話し合いの内容を理解してもらえるように説明をしたり、メンバーの意見を繰り返したりする。そして、メンバーから発言を引き出せるような投げかけをしながら話し合いは進められる。スタッフは、メンバーたち自身に自分たちがどのようしたら作業をしやすいのか、あるいは、自分たちはどのようにしたいのかなどを自分たちのことを自分たちで考えることが必要であるとし、このような話し合う場を設定した。スタッフは、話し合いの中で「自分たちのことなのだから」と言い、メンバーに自分たちで考えること、そして発言することを繰り返し促していく。

　下記に「話し合うシステム」の導入後、検討された議題の一つである「調理実習の話し合い」の事例を紹介する。

　一年前から「Re〜らぶ」では不定期であったが昼食づくりが開始された。きっかけは一人暮らしのメンバーが栄養失調で倒れたことによる。この当時一人暮らしをしているメンバーは数名いたが、このメンバーたちに少しでも栄養のあるもの、野菜などを食べさせたいというスタッフの思いから始められた。今までは、メンバー2人とスタッフが調理当番となり調理を行なってきた。何を作るかは調

理当番のメンバーの希望やその他のメンバーからのリクエストによって案が出され、それをスタッフがふまえて食料品店に出向き、その日に売られている食材を見てから、時間内、予算内で作れるかなどを判断してメニューを決めていた。調理段階においても中心的に進めるのはスタッフであり、メンバーはスタッフの指示のもと料理の補助をするという形で昼食づくりは進められていた。しかし、少しでも多くメンバーに工賃を渡したいというスタッフの願いから、これからはNPO「Re〜らぶ」の委託事業として週2回ほどではあるが昼食づくりはメンバーの「仕事」という位置づけにし、この作業に対してもメンバーに工賃が発生するようにした。（筆者注：昼食づくりは仕事という位置づけであったがこれまでと同じに「調理実習」と呼ばれた。）今後は、メニュー作成、予算決定、買い物、調理、後片付け、昼食代徴収に至るまでメンバーが中心的に進めるようにスタッフは言い、この「調理実習」の段取り、進め方をスタッフの進行のもとメンバーが話し合う時間が設けられた。この話し合いはそれぞれ1時間半前後であったが4日間続けられた。

　まずは、どのように「調理実習」の取り組み方が話し始められたのかその内容を述べる。エピソード記録からの少々長い引用になるが、話し合いの雰囲気とその内容を具体的に示しておきたい。話し合いは和やかな雰囲気の中で行なわれ、進行役のスタッフMさんがメンバーの考えをできるだけ引き出せるような質問を投げかけ、決まったことは正面に置かれたホワイトボードに書きながら進められた。

エピソード6-1

（背景）

　最初に「調理実習」の手順を決めることになった。男性スタッフのMさんが進行役となって話し合いが開始された。Mさんは、メンバーの前に置かれたホワイトボードに「調理実習の話し合い」と書き「調理当番3名」と続けて書いた。スタッフの方で今度からメンバー3名が調理当番を担当とするところまで決めていたらしい。

（メンバーとスタッフの会話）

Mさん　　　：調理実習には3人で関わって、今度からは前の日から準備をしようと思いますが、まず、どのようなことをすればよいですか？前の日にメニュー決め、予算？

メンバー	：（応答なし）
Ｍさん	：じゃあ、初めから…。考えなくてはいけないもの。
メンバー	：メニューを決める。（Ｍさん、ボードに①メニュー（献立）を決めると書く）
Ｍさん	：次何をしましょう？
メンバー	：材料の買出し。（Ｍさんボードに②材料　材料を決めると書く）
Ｍさん	：次に何をしますか？
メンバー	：買出し。（Ｍさん：③買出し）

（このあと、④調理すると順調に手順が上げられる。次にメンバー「人数を確認する」「お皿をだす」という意見が出る。Ｍさんはそのとおりにボードに書いていく。）

メンバーＡ	：人数を確認するって、もっと前じゃない？（Ａさんは提案するが他のメンバーは黙っている。）
Ｍさん	：いいことを、言いました。
メンバーＡ	：②、③の間じゃないの？
Ｍさん	：どこにいれましょうか？
メンバーＢ	：①と②の間。（他のメンバーから「そうだわ」という声があがり、承認される。）
Ｍさん	：じゃあ、次⑤は？
メンバー	：盛り付ける（⑤もりつけると書く）
Ｍさん	：次は？
メンバーＡ	：お金の計算。
Ｍさん	：（これを受けて…そうではないと思ったのか）いつ、お金の計算をしたらよいでしょうかね。
メンバーＡ	：食べてからお金の計算だね。（他のメンバーから「うん」という声がでる。） みんなステーキを食べたいと言っても無理だし、メニュー決めるって…。
メンバーＣ	：（これまでは）お店に行ってから安いのを選んでいるから。
Ｍさん	：そうしたらお店にいってから決めている？
メンバーＡ	：予算を決めてから。
Ｍさん	：いろいろ忘れていた手順がでてきますよね。（①の前に←予算、①と②の間に←人数と書き入れる）
メンバーＤ	：一人250だよな。（これまでの昼食代は一人250円だったことを受けて）
メンバーＥ	：4,000円。（1日の予算は4,000円でいいという意味）
メンバーＡ	：人数×250円。
メンバーＦ	：4,000円。

Ｍさん　　　：一日いくらって決めない方が。一日4,000円だと人数が少ないと…例えば、5人だったら、その日一人800円。今、Ａさんが言った事、提案してくれますか？

メンバーＡ：人数×250円でいいんじゃない？

メンバーＧ：いいよ。

メンバーＨ：一人250円で、10人で2,500円だったら、たいしたものは作れないんじゃないか？

メンバーＣ：お米なども入れなくては。

Ｍさん　　　：さすが主婦。Ｃさんが言ってくれました。お米とか、（その日）買って来た分だけじゃなくて、お米や水、ガスなど。250円ぎりぎり買ってきたら水道、お米、などは全部赤字になる。

メンバーＡ：250円全部使い切らなくても。150円ぐらいに抑えたほうが。

スタッフＡ：今、Ａさんがいいこと言ったよね。今までどのようなことをしてきたか（調理実習で）教えてくれますか？

Ｍさん　　　：多分、やっていることは、一人分最高でも200円以内で買っています。50円は水道やガス代にとっておいてます。

スタッフＡ：そういうやりくりが大事。150円だとどういうメニューが可能かどうか。どうして250円を使い切らないようにしないと駄目だとわかるかい？いくらぐらい使ってもいいと思う？

メンバーＧ：150円から250円。

メンバーＡ：150円でやりくりをしたら、いつかステーキを食べられるかと。

メンバーＥ：じゃ、カレー10回続ける。（これを聞いてメンバーとスタッフが笑う）

スタッフＡ：やりくりすることが生活のなかでも大切。予算250円もらったからといって、全部使いきったらどうなりますか？銀行行ってお金借りてきますか？予算たてて大切なの。今、すごいいい案が出せた。

※下記の（　）は筆者の補足。

　このようにして1日目の調理実習の話し合いは始められた。この後、メンバーの中には用事があり遅れて来る人や食事前に帰宅する人もいるので食事をする人数はいつどのように把握したらよいのか、メニューを決めてから買い物に行くのかそれとも、買い物に行ってからメニューを決めた方がいいのか、買い物は前の日にしたらよいのかなどが話題にされ、一時間半以上が話し合われた。この日、決まったことは進行をしていたスタッフのＭさんがホワイトボードにまとめて記していた。資料6-1はその転記である。

第6章　共に働く場所へ　137

資料6-1

調理実習予定（メンバー2名）（スタッフ1名）

①人数確認（多い時はシンプルにする）

②予算を決める（一人150～200円）

③メニューを決める

④材料を決める（前日にメニューを決めてから買い物に行く。当日人数が増えるともある。追加買い出しして対応する

⑤買い出し（できるだけ安いものを）前日準備

⑥調理する

⑦もう一度人数確認

⑧もりつける

⑨いただく

⑩洗い物

会計（メンバー一人）

　話し合いはこのようにメンバーの発言をできるだけ引き出せるような質問をスタッフが投げかけ、場合によっては承認したり、メンバーの発言を褒めたりしながら行なわれる。しかし、話し合いが長引き話題についていけなくなると話が混乱することがある。そのような時は進行役のスタッフが今までの話を整理し、メンバーが少しでも理解しやすいように再度伝える。また、進行役のスタッフは、なかなか発言しないメンバーからも何らかの発言を引き出すように工夫している。話し合いの席に同席するスタッフ代表は「今までやってきたことを作業としてやってもらう。工賃を出すということに。みんなにそこのところをきちっと捉えて欲しい。仕事だから。今までいやだから（筆者注：料理することはいやという意味）、やりませんっていうこともあったけど。だから、話し合って決めていかなくては。だから、おれたち、この部分が苦手だから、ここの部分をどうしてほしいということも言ってほしい。」とあくまでも「調理実習」はメンバーの仕事であり、その進め方はメンバーが中心となって決めてほしいことを伝える。しかし、話題によってはメンバーが理解や判断しにくいことも出てくる。そのような時はスタッフがメンバーに代わり案を出すのだが、どうしてもスタッフの発言がその場合多くなってしまう。そのような時、スタッフは「みんな発言した方がよいよ。

自分たちのことなんだから。」とメンバーが理解しやすいように再度、話を整理しメンバーの発言を促すように話し合いの流れを作る。スタッフ代表は「Re〜らぶ」では「こっちから（筆者注：スタッフからという意味）与えるのじゃなくて、自分たちがこういう取り組みをした方が一番やりやすいという方法を話し合うということが大切」であることをメンバーに伝え、「共通認識」を持ってもらいたいとメンバーに言う。メンバーはそれに応じる形で話し合いに加わっていく。

その後、実際に行なわれた「調理実習」では、メニューはメンバーがスタッフに相談しながら決めることが多かったが、買い物や調理は15名前後の量をこなさなくてはならず、メンバーには難しいことが多い。買い物や調理は他の作業場面でも見られるようにメンバーのできることを理解したスタッフの細かな支援のもとでこれらは行なわれていた。しかしながら、この4日間にもわたる「話し合うシステム」に参加し、自分たちで調理実習の進め方をどのように行なうのがよいのかを話し合うことによって、メンバーにとって「調理実習」は自分たちの仕事であること、これまでと違い主体的に関わらなければいけない活動であることなどを「これからは調理実習は大変になるな」と言いながらもメンバーたちは共有したように感じられる。

このように行なわれる「話し合うシステム」の導入は他の場面でも見られるようになった。例えば、「Re〜らぶ」では毎年地域の夏祭りに出店するのだが、メンバーがどのようなお店を出店するかも話し合いで決めることになった。スタッフの助言のもと、メンバーはこの話し合いに先立って札幌で行なわれた神社のお祭りにみんなで出向いて、どのような出店があり、人気があるものは何か、その中で自分たちができそうなお店は何かを調べたりするなど活動への積極的な関わりが見られた。このようにメンバーたちが中心的に関わらなければいけない活動に対しては、メンバーは何をするのか、自分たちがどのようにしたら作業がうまく進められるのかなど話し合う場面が作られた。デューイ（1916）は次のように言う。「コモン、コミュニティ、コミュニケーションという語の間には単なる言語上の関連以上のものがある。人々は自分たちが共通に持っているもののおかげでコミュニティの中で生活する。そして、コミュニケーションとは、人々がものを共通に所有するにいたる方途なのである」（邦訳, p. 15）。このような話し合いの場に参加することは、実際に行なわれる活動にどのように参加するのかをスタッフとメンバーがお互いに学ぶことである。自分たちが何をするのか、自分たち

がどのようにしたら活動に参加しやすくなるのかをメンバーはスタッフと話し合い、自分たちがどのように活動に参加すべきかを学ぶ。一方、スタッフは、この話し合いの結果を受けて、メンバーが参加しやすいように活動の支援を考える。「話し合うシステム」の導入は、メンバーとスタッフが活動への参加の仕方を共有する機会になったとともに、メンバーにその活動に主体として参加すべきであることを意識化させるものとなっていた。

2.「石けんづくり」の新たな取り組み

　前の第5章において、「Re〜らぶ」がその活動を始めた時から行なわれている「石けんづくり」へのメンバーとスタッフの参加の仕方が変化したことを示した。それは、石けん1万個という受注をタイミングよく受け、その作業に予測可能なルーティンを形成することでメンバーの活動の参加の機会へのアクセスが確保されたことによる。そして、同時にこのコミュニティにとって知識キャピタルを持つ新しいメンバーによるブローカリングの結果、メンバーがすべきことが広がり新たな活動にも参加できるようになったこと、さらには「石けんづくり」の分業化を通して広範囲への活動へのアクセスが可能になったことの結果であった。ここでは、その後の「石けんづくり」へのメンバーとスタッフの参加の軌跡をたどっていく。「石けんづくり」の新たな取り組みとして、メンバーが主体となって「石けんづくり」へ参加できるようなアクセスのデザインが作られたが、それがどのように作られたのか説明する。スタッフがデザインした「石けんづくり」への新たなアクセスを図6-2に示しておく。

（1）活動記録の作成

　これまでもメンバーは朝の会のときにその日の活動予定をスタッフと確認をし、終わりの会にはその日の活動報告をしていたが、これからは口頭での報告だけでなく一人一冊ずつ渡されたノートに記録することになった。ノートに記録することは、その日の予定とその日行なったことや一日の感想、さらには、活動時間中にもし「話し合い」が行なわれたならそこで決まったこと（話し合いの時にはスタッフは決まったことや重要なことをホワイトボードに書いていく。メンバーはそれを自分のノートに転記することが多かった）などである。その他には、メン

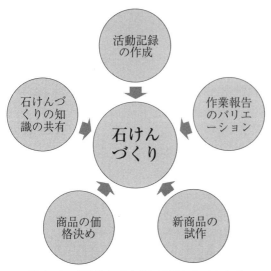

図6-2 「石けんづくり」の新たなアクセス

バーがそれぞれ担当する作業に関することなども書くように勧められた。スタッフは、メンバーに「責任を持ってもらうため」とメンバーにノートに活動を記録してもらうことにした理由を説明する。しかし、「Re～らぶ」ではメンバーに対して個人の責任を問うことはしない。したがって、この場合、スタッフが言う「責任」という意味は、活動の記録を書いていくことで自分たちの記録を残すということと、自分が何をすべきか、あるいは、どれぐらい仕事をしたのかを確認するため、あるいは「書く」という行為を通して仕事への意識を高めたり、活動への関与を深めてもらうためという意味でノートを導入したのである。

　朝の会や終わりの会、話し合いの場にはメンバーの一人がみんなのノートと鉛筆を持ってきてそれぞれに渡す。メンバーの中には字を書くのが苦手な人もいる。ほんの一言だけ、あるいは何を書いたらよいかわからず、周りの人に聞いて言われたまま書く人も中にはいる。人によって書くことは違いが出てくるのだが、スタッフはそれに対しては触れない。それぞれ書けることを書いてくれればいいと思っているようであった。

　石けんの「種」を作る担当になっていたメンバーは、自分のその日の予定やその日行なった作業の他に、例えば、石けんの材料になる使用済みの食用油をきれいにする方法は「塩析法」と呼ばれるのだが、その手順を図を加えて書いたり、実際にやってみた感想なども書き加えていた。写真6-1の左側の写真は石けんの「種」を作る担当になっていたAさんのノートの一部である。スタッフと行なった「塩析法」のやり方のポイントをノートに記入していた。右側の写真は、石けんのラッピングを担当していたBさんのものである。その日、作業予定と実際に行なった結果とともに、ラッピングや石けん磨きの時に気を付けなければ

第6章　共に働く場所へ　141

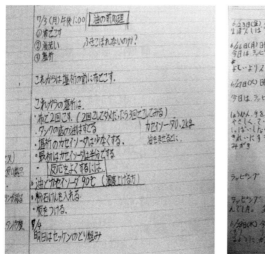
　　　Aさん

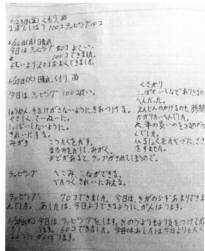
　　　Bさん

写真6-1　メンバーが記録したノート

ならない点などを記入していた。どちらも自分が行なう作業の留意点などを記入し、今後の作業につなげている。

　このようにノートに活動を記録することで、より一層、このコミュニティの領域が明確化される。ここで言う領域とは実践のコミュニティが熱意を持って取り組む知識が何であるかを表すものである。言い換えると、どのような実践を積み重ねるのかを決定するのが領域である。この領域は、メンバーの間に共通の基盤を作り、一体感を生み出すものであると同時に、メンバーの貢献と参加を誘発し、学習を導き、行動に意味を与えるものである（Wenger et al., 2002）。ノートに活動を記録することを通して、メンバーは自分たちがどのように「石けんづくり」に取り組むのか、どんな知識を共有すべきかなどを明確にして、自分たちの共通の領域への理解を深めていく。メンバーは領域を共有することで、一連の知識に対する責任感を覚え、その結果、責任を持って実践を生み出すようになると言う（Wenger et al., 2002）。「Re〜らぶ」においては責任というよりは役割を確認するという意味になろう。しかしながら、このような領域の理解は、メンバーたちの活動へのコミットメントをより一層深めるものとなる。

(2) 作業報告のバリエーション

　「石けんづくり」をした日の終わりの会の活動の報告は、これまでは「何々を何個しました」などのその日自分が関わった石けんの数に関する報告が主であったが、メンバーは数値だけでなく、自分が扱った製品や作業手順に関すること、作業に関する疑問なども話すようになってきた。

エピソード6-2

（背景）

　終わりの会で、メンバーはその日の活動報告をする。その日、石けん磨きをしていたメンバーSさんが今日の作業について報告した。

（エピソード）

　進行役スタッフに指名されSさんは活動の報告を言い始めた。「今日は、午前、午後、石けん磨きで、なんかちょっとぬるぬるした感じ。今日はぬるぬる、午後は湿っていた。油が多すぎたのか、湿気なのかぬるぬる。布（筆者注：石けんをみがく布のこと）もすぐぬるぬるになって。（布を）終わってからすすいでも、洗ってもぬめっていて。」と報告する。Mスタッフはそれを受けて「仕方ない部分と商品にしない方がよいかなという部分ありますね。ちょっとね。」と言う。同じく終わりの会に同席していた男性スタッフが「今日は湿度が高くて70％以上あったんですよね。石けんチェックしていたら、あっちの方の石けんも汗をかいていて。湿度高いですね。」とぬめっていた原因に触れる。Mスタッフはそれを受けて「体感的には感じなかったけど。そうだったのね。磨いていてベタベタ。石けんはデリケート。」と言い、Sさんは続けて「個数は見ていないけれど、1箱分？2箱？みんなでやっていたから。えーと、なんか、方法ないですか。ぬめりはしょうがない？」と聞く。Mスタッフは「今日、○○ちゃん（男性スタッフのあだ名）が言ったように湿度が70％。…しょうがない。」と答えるが、Sさんは「それでぬるぬるしたやつをラッピングしてもくっついちゃって…。（筆者注：石けん磨きが終わると、次の担当者にまわされラッピングされる）」と話を続ける。「それは○○さん（ラッピング担当者の名）のところで、○○さんがこれをラッピングしてよいのかねと言ってくれてよけていてくれた。」とMスタッフはSさんに教える。続けて「磨くときに個数がどうということだけでなく、石けんがこうだったよって言ってくれるのがこちらとしてはありがたいなと思う。」と個数だけでなく製品がどうであったかという報告も大切なことをMさんは付け加えた。

第6章 共に働く場所へ 143

写真6-2 「石けんづくり」のようす（石けんの形成作業）

　スタッフは、このようにメンバーが自分の行なった作業の量だけでなく製品や作業について語ることを承認して促していく。このエピソードのようにその後も自分が行なった作業や携わった石けんの個数だけでなく、自分が関わった製品の様子、あるいはその日行なった自分の作業を具体的に述べるなどメンバーはこれまでの報告のスタイルだけでなく発言にバリエーションが見られるようになっていった。時には、うまく作業が進まなかったことも報告される。例えば、いつも行なっている作業なのにうまく進まなかった時には、それはどうしてかとスタッフは聞き「作業の中で起きたことになぜ疑問を持たないの」とメンバーにうまくいかなかったときの原因をメンバーに問い、メンバーの作業への興味や関与を深めさせるような促しをすることがある。このような作業報告のバリエーションを増やすことを通してスタッフは、メンバーの「石けんづくり」への意識や作業への関与の仕方を変えていく試みをしていたのではないだろうか。このような語りの変化もメンバーの「石けんづくり」への参加の仕方が変化した一つの例となる。

(3) 新商品の試作への参加
　「石けんづくり」においてメンバーが任される仕事が増えてきた。これまでも、石けんの売り上げを伸ばすため、「Re～らぶ」では新しい石けんを作ることを試みていたが、石けんの試作品を作ることはスタッフだけで行ない、メンバーがそれに加わることはなかった。しかし、新たに「石けん担当」と呼ばれるメンバー二人もそこに加わることになった。このメンバーは、同じくこの新商品の担当となった男性スタッフとともにホエイ入りの石けんを作り始めた。ホエイを入れる

ことは、石けんを1万個受注してくれた会社の社長のアイディアで、ホエイは乳製品で肌にもよく北海道のイメージにも合うからと石けんにホエイを入れることになった。しかし、ホエイを入れることでなぜか石けんが茶色に変色したり、また、石けんの種にどれぐらいホエイを入れたらよいのかわからず配合する分量を少しずつ変えながら試行錯誤しながら試作品づくりは行なわれていた。この試作品づくりの過程はメンバーがノートに記録するようにされていた。また、終わりの会などでその日の試作品づくりの様子や、できあがった試作品を家に帰って使用した時の使用感なども他のメンバーに伝え、情報を共有できるようにしていた。メンバー全員がこの新商品の試作に参加できるわけではないが、自分たちの仲間であるこの石けん担当のメンバーからの報告を通してこの新しい「石けんづくり」に巻き込まれていくようになる。

(4) 商品の価格を決める活動への参加

この時期、上記のホエイ入り石けんの他にも、はちみつ入り石けんなども作られたが、これらの新しい商品の包装や価格はメンバーとスタッフが話し合って決めることになった。いつもの話し合いのようにスタッフが進行をしながらメンバーから出た意見をホワイトボードに書いていく。この場で決められたことは、①包装のデザイン、字の大きさ、イラスト、包装紙の色、キャッチコピーなどをどうするか、②ラッピングにはどのような材料を用いるのか、③定価をいくらにするかなどである。

定価を決めることはとても大変だったとスタッフは言う。今までのオリジナルの石けんは100円で、すでに販売しているラベンダーの香料入りの石けんは120円であった。今回のはちみつ入りの石けんをいくらに設定するかは混乱を極めた。価格には材料費、作る人の労力、手数料など考慮にいれなければならないこと、そして価格を考える上で、付加価値（はちみつ）をどのように考えたらいいのかなどメンバーに理解してもらうことは難しかったと言う。メンバーの中には、大きさだけで判断して価格を決めようとする人、石けんの売上が自分たちの工賃になると言うと半分冗談で法外な価格をつけてしまう人などもいておもしろい意見が出たことをスタッフは教えてくれた。以下にメンバーが書いたその時の話し合いの記録を転記しておく（写真6－3）。

このような活動にどのような意味があるのだろうか。これまでは石けんの包装

第6章　共に働く場所へ　145

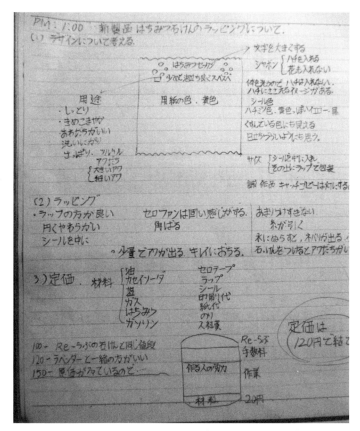

写真6-3　メンバーの記録（新製品の話し合い）

や価格などはスタッフが考えていたことである。メンバーがこれまで関わってこなかった活動にアクセスすること、つまり、メンバーの参加できる活動の広がりとして捉えることももちろんできるが、メンバーによって理解はまちまちな部分があったにせよ、自分たちが作った製品を自分たちでどのように売るかを考えることは自分たちの「石けんづくり」が自分たちにとってどのような意味があるのかを意識させ、作業への意欲的な参加に結びついていくものになるのではないだろうか。

(5)「石けんづくり」の知識の共有

　メンバーが終わりの会などで行なわれる活動報告において発言にバリエーションが見られたり、「石けん班」のメンバーが新たな製品づくりに加わるようになるなど、メンバーの「石けんづくり」に関する知識の深まりが見られるようになってきたが、スタッフとメンバーが「石けんづくり」に関する知識を共有する新たな試みが行なわれた。

　これまでもスタッフは製品の質を向上させるため研修会などに積極的に参加していたが、週末に参加した研修会で学んだ石けんの原料となる油の前処理方法をメンバーにホワイトボードを使いながら詳しく説明をする。これまで研修会に参加してもそこで得た情報をメンバーに話すことはなかったが、「Re〜らぶ石けんの品質を高めるための話し合い」としてこれらの知識の共有を試みていた。その時に話された油の前処理方法は、よりよい製品を作るためにすぐに作業に取り入れることにし、メンバーはスタッフと共にその作業に加わることになった。また、その話し合いの中では今までメンバーがスタッフから教えてもらい行なっていた作業の意味、例えば、油の前処理において苛性ソーダーを使用する理由などなども確認された。このような活動を通し「石けんづくり」が「わかる」ようになっていく。

　スタッフがデザインした「石けんづくり」への新たなアクセスはこの他にもある。メンバーに石けんの材料となる食用の廃油を提供してくれる学校に取りに行くよう頼んだり、完成した商品をメンバーに販売してくれるお店に届けさせたりする。このようなことを通しても、メンバーは「石けんづくり」に新たな関わりを持つことになった。これらのスタッフが行なったさまざまな活動へのアクセスのデザインを通してメンバーは「石けんづくり」の意味理解やその活動への関与を強め、主体的に活動に参加することを学んだのである。言い換えると、スタッフは「石けんづくり」にメンバーを巻き込み、メンバーはスタッフの呼び掛けに対し能動的に参加するようになっていったのである。

3．作業所の運営への関与

　今まで述べてきたような「Re〜らぶ」での活動にメンバーが主体的に参加するに従い、スタッフとメンバーの関係性が変化していった。メンバーが直接関係

する作業所の運営に関わることは、メンバーにもその情報が伝えられたり、場合によっては判断をメンバーにゆだねたりすることが見られた。その事例を紹介する。

　上記において「石けんづくり」の新たな取り組みを説明してきたが、その後「石けんづくり」は一時中断することになった。石けんの売り上げだけでは、メンバーに渡す工賃が限られている。スタッフは「安定して工賃をメンバーに渡したい。それがここを運営するものの責任」と言い、以前から少しでも多くの工賃をメンバーに渡せるような新たな取り組みを探していたが、ある企業から下請け作業の委託の話がきた。この作業は葬儀の時などに使われる会葬お礼の箱の組み立てと中に入れるのりなどの食料品をセットするというものであったが、食料品を扱うことになるので匂いや石けんの粉などが発生する石けんづくりを同時にすることはできないとされた。「石けんづくり」を止めてこの委託を引き受けるか、あるいは、この委託を断りこのまま「石けんづくり」を続けるのか、どちらか一方を選ばなければいけなかった。この決断はスタッフだけで行なうのでなく、スタッフはメンバーたちに自分たちはどうしたいのかを尋ねた。自主製品である石けんは、1万個の製造が終わったあとは販売するルートも少なく収益が安定しなかった。この企業からの下請けの話は「箱おり」の仕事と呼ばれたが、こちらの仕事の方がコンスタントに入ってくる収入が見込まれた。「Re～らぶ」ではその前に週に新しい石けんの商品開発や、少しでも売れる石けんにするにはどうしたらよいのかなどみんなで話し合ったばかりであった。話し合いの結果、メンバーは「石けんづくり」を止めて少しでも工賃が見込めるこの「箱おり」作業に取りかかることを選択したことを、筆者はスタッフの代表から教えてもらった。

　後日、今まで「石けんづくり」の時には中心的に関わっていたメンバーの一人は筆者に自分の胸の内を話してくれた。「おれは本当は石けんづくりがやりたかったけど、みんな箱おりと言ったから賛成したんだ。」、「なんも箱おりより、石けんづくりの方が楽しいべ。」と言う。このメンバーは自分は反対だったが、他のみんなが箱おりを選択したいのであればそれは仕方がないと語り、メンバーとスタッフで出した結論を尊重していた。このようにメンバーが直接関係する「Re～らぶ」の運営に関わることは、スタッフはメンバーに伝え、必要な時にはメンバーと話し合い結論を出すということを行なっていた。

　その他の場面でも、例えば「Re～らぶ」が借りている事務所から移転しなけ

ればならなくなった時にも、スタッフはメンバーにそのことを伝え、メンバーたちの意向を聞いた。

エピソード6-3
（背景）
　「Re〜らぶ」が今まで借りていた事務所から移転しなければならなくなった。その経緯をスタッフはメンバーに説明をした。メンバーは事務所を移転しなければならないことを聞き、新しい事務所の場所についての自分たちの要望を言う。
（エピソード）
　「地下鉄に近い場所がいい」と女性のメンバーが言うと、それを聞いていた男性のメンバーが「地下鉄に乗るようになってはこれない」と言う。スタッフは「どうしても引っ越ししなければいけない。地域のこともあるし、この地域にいたいのだけど、建物がない（筆者注：すでにスタッフは今の事務所の近辺に新たに借りられる事務所がないか探していた）。ここには長くいられない。」と話す。すると「ここから離れたら〇〇商店街の清掃とか〇〇はどうなるのですか。」とここから転居したら今までメンバーがしていた作業が続けられなくなることを心配したメンバーは質問をする。スタッフ代表はみんなが通いやすいところを探したいと言い、メンバーに「いい物件があれば言ってね。あまり遠くなったら…。みんなで引っ越しするのが前提だからみんなの気持ちを聞いておきたいの。」と言う。「みんなと（物件を）見に行くのもいいかな。みんなもこの地域に住んでいるからわかるかなっと。」とスタッフは言った。

　その後、物件探しは続けられ、いい物件が見つかった時にはスタッフはメンバーを連れその建物を見学に行ったりしていた。結局、メンバーが紹介してくれた不動産会社を通して現在の建物への転居が決まった。
　これらの事例は何を示唆しているのであろうか。この事例からメンバーとスタッフの関係性が見えてくる。スタッフとメンバーの関係性は、「支援する人」と「支援される人」という関係性だけではなく、お互いの主体性を尊重し、共に「Re〜らぶ」の参加者であるという認識を共有していることをこの事例は示している。

4．作業への新たな取り組み

　先ほどの事例で説明したとおり、「Re〜らぶ」では「石けんづくり」を一度休止して「箱おり」に取りかかることになった。スタッフはすでにその仕事を請け負っている作業所に「箱おり」の作業の様子を見学に行き、メンバーにその時の様子とこれからの取り組みについて話した。

エピソード6-4
（背景）
　この日の午前、スタッフたちはすでに「箱おり」の作業の委託を受けている作業所にその作業の様子を見学に行った。スタッフの代表はこの日のミーティングで見学してきたことと、この作業への取り組む姿勢をメンバーに話した。
（エピソード）
　「これまで作ってきた自主製品とかなり違うんだよということを認識させられてきました。私自体。（略）あくまでも自主製品じゃなくて、企業からいただいた仕事をやります。ひとつでも間違いがないように納めないと、企業側でも大きな損失をこうむるということになって、ひいては作業所に仕事がもらえなくなります。信頼が、信用が失われるということ、みんなも聞いていてわかっているかと思います。そういうことになりかねないので、できるだけ確認、確認をしてみんなのね、努力した結果がついてきて、できるように対応していきたいと思っていますから、みんなも無理しないで、がんばってもらいたいと思っています。あまりこう、なんていうの、今日はね、千個やるといったら千個で頭がいっぱいになったら、ミスがね、でると…。スタッフの中で話し合いながら、みんながスムーズに仕事できるように取り組みたいと思っています。よろしくお願いします。（略）また、聞きたいことがあったら、スタッフに尋ねてください。」とこれから新しく取り組む作業への姿勢をスタッフ代表はメンバーにこのように伝えていた。

　このように今までの自主製品の製造とは異なる取り組み方をしなければならないことをスタッフはメンバーに伝えたが、スタッフ自身、この作業に対してはこれまでになく「緊張感」を持って対応していたようであった。それは、新しい作業において何か不具合があれば、自主製品づくりのように自分たちが責任を負えば良いということではなく、この仕事を委託した企業にも迷惑をかけてしまう可

(1) スタッフは作業の課題分析を行う
（メンバーが取り組みやすい作業の仕方・手段を考える）

(2) メンバーはその手段をもとに作業を体験してみる
（スタッフはメンバーの横に座り実際にやって見せる）

(3) メンバーとスタッフで作業について話し合う
　・どのようにしたら作業がしやすくなるか
　・どのようにしたらミスが少なくなるのか
　・どのようにしたら作業が早くなるのか

新しい手段

(4) スタッフとメンバーが考えた手順で作業をする

図6-3　「箱おり」作業への取り組み方

能性もあるのでそのプレッシャーが発生したこともあるかもしれない。あるいは、この新しい作業は今まで行なっていたメンバーが確実に参加できるようになっていた「石けんづくり」を休止してまで取り組む作業であり、メンバーの工賃を稼ぐためにも確実にこの仕事ができるようになり、何がなんでもこの作業を軌道に乗せなければならないというプレッシャーがあったからかもしれない。作業所内は「箱おり」作業に向けて今まで置かれていた石けんの棚などが整理され、スタッフはこの作業の取り組み方について何度も話し合う機会を設けていた。

　このような緊張の中、この「箱おり」の取り組みは開始された。この作業への取り組みはこれまで「Re〜らぶ」で行なわれていた作業の取り組み方とは異なっていた。ここで、新たな作業への取り組み方を説明していきたいと思う。本格的なこの企業からの下請け作業に入る前に、スタッフとメンバーは「箱おり」作業への取り組む手順を共に考える機会が設けられ、どのように行なったら間違いなく作業ができるとともに、自分たちが作業に取り組みやすくなるのかという視点で検討が行なわれた。この試みは「シミュレーション」と呼ばれた。この作業の新しい取り組み方の流れを図6-3に示す。

　以下に図6-3「箱おり」作業への取り組み方の(1)から(4)までの具体的

第6章　共に働く場所へ　151

表6-1　「箱おり」作業の工程

1）のりの検品
　　①のりの数をチェック
　　②キズ汚れ破れのチェック　⇒　上、下、中央部
　　③賞味期限のチェック
　　④2重のチェック　①〜③まで再度行なう
2）中箱の検品
　　①枚数の確認
　　②キズ汚れ破れのチェック
　　③2重のチェック　①、②を再度行なう
3）シールの枚数を確認
4）箱の裏側の右下に賞味期限のシールを貼る
5）箱づくり
　　①箱を立てる
　　②耳を折る
　　③べろをしっかり折る　（2か所くせをつける）　⇒両手の親指のはらを使い押す
　　④折りを入れる
6）箱とのりの日付を確認する
7）のりの箱入れ
　　①うらを表にして人差し指を入れ中心で折る
　　②○○のりの字が上になるように中箱に入れる
8）中箱を閉じる
　　①耳を折る
　　②べろを折る
　　③折り入れる
9）シールはり
　　セロテープの角を使い1ミリくらいのところにシールをつけ箱に貼る

　な内容を説明していく。この作業は葬儀の会葬お礼に使われる箱の組み立てと、中に入れるのりなど食料品をセットするというものである。シミュレーションの作成に先立ってスタッフは、すでにこの作業を請け負っている他の施設に見学に行き作業の手順を確認すると共に、いくつかサンプルをもらい自分たちで何度も作業を実際に行なってみて、メンバーが取り組みやすい作業の仕方や手順を考えることを行なった。シミュレーションの1日目にまずはスタッフからメンバーに作業の大まかな工程が説明され、その工程はホワイトボードに書かれた。表6-1はホワイトボードに書かれた「箱おり」作業の大まかな作業工程である。
　スタッフはメンバーの横に座り実際にやり方を見せながら作業の進め方を説明した。この工程にはさらに細かな下位の工程があるが、その作業の仕方は細かく

スタッフからメンバーに丁寧に伝えられ、例えば、のりを手に取るまでのやり方、数えたらどこに置くのか、チェックの順番、箱おりの時は、箱をどのように手に取り、どの順番で折り始めるのか、折り終わった箱はどこにどのように置くのか、また、それぞれの作業においてどのようなことを注意しなければいけないかなど事細かくメンバーに伝えられた。メンバーはまずは、スタッフの考えたやり方をマスターすることが求められ、ある程度マスターしたら何度もその作業を各自、繰り返し行ない練習をした。作業途中、「こんな風にやってみて、こうしたらいいと思うことを言ってください。」とスタッフは言う。このシミュレーションの途中、あるいは、シミュレーションの後のミーティングでメンバーとスタッフが作業について話し合う場が設けられた。メンバーは実際に作業を行なってみて作業の難しい点や工夫の余地がある点などの指摘することが求められ、どのようにしたら自分たちが作業がしやすくなるのか、あるいはミスが少なくなるのか、作業が早くなるのかなどについてスタッフとメンバーは話し合った。下記のエピソードは、その中で話し合われた一例である。

エピソード6-5
（背景）
　シミュレーション3日目。箱にのりを入れる向きは統一することが求められている。スタッフの考えたのりを手に取ってから箱に入れる方法だと、手に取ったあとのりの向きを変えてから箱に入れることになり作業の工程数が多いとともに、メンバーの中にはこの作業は難しいのか、のりの向きを間違って入れてしまう人もいる。前日、メンバーのSさんとボランティアのAさんは一緒にこの工程をどのようにしたらもっとスムーズにできるのか、どうしたら間違いの発生が少なくなるのかを考えて改善案を作業終了後にスタッフに話し、実際にスタッフの前で行なって見せていた。この改善案はその後スタッフミーティングの中で検討され取り入れることになった。この日の終わりの会でこのSさんたちが出した改善案が他のメンバーに伝えられた。
（エピソード）
　Mスタッフが「昨日、のりの入れ方がSさんとAさんでスムーズに入る方法を考えついたというのでご披露してください。」と言う。Sさんは、実際にのりと箱をもってきて自分たちが考えた新しいのりを箱に入れる方法をメンバーとスタッフの前で披露する。「こっち、要するにこういう風になりますよね。折った時にそれを裏返して…。そして、〇〇（筆者注：のりの製品名）の方を上に。自分の方

写真6-4　箱おりの作業風景

> には何も書かさっていない方を。2つに折って、このまま入れれば…はい。」と言いながら新しい方法をやって見せる。Tスタッフが「その時には箱をどういう風にするの。」と質問する。Sさんは「裏返しにするの。それを表にして。」と答える。Mスタッフが「実際にみなさんでやってみませんか。」と他のメンバーに声をかける。先ほどのTスタッフが「同じ風にね。」と言いメンバーに参加を促す。

　このようにスタッフが考えた作業方法をメンバーが実際に体験してみて出された改善案はいくつかある。簡単な改善案でその手順の方が良いとすぐに判断できる場合ならその場で手順が変更され、新しい作業手順をスタッフとメンバーが一緒にやりながら手順を共有することが行なわれたが、検討が必要な改善案はスタッフがそのやり方をメンバーから教わり、何度か自分たちでやってみてその方法がメンバーにとってやりやすいのか、間違いが生じやすくならないのかを確かめてから、その新しいやり方を考えたメンバーから他のメンバーの前で伝えてもらうようにしていた。このようにスタッフが考えたやり方をどのように作業をしたら自分たちがやりやすくなるのかなどをメンバー自身が考え、改善案を出しながら作業方法は細部まで検討された。

　どうして作業方法はこのようにメンバーとスタッフが検討し合いその手順を細かく決められたのであろうか。その理由は二つ考えられる。一つはそのように考えられた作業の方法が、もちろん、メンバーにとって作業を行ないやすい手順になると同時に、スタッフとメンバーがこのような場を共有して作業を理解し、メンバーが同じ方法で作業に取り組めるようになることで作業ミスを防ぐことにつ

ながるとスタッフが考えていたからである。後に、この作業を発注した会社の社長が「Re〜らぶ」に来た時に言った言葉がある。「『Re〜らぶ』は、自分たち（筆者注：この社長の会社の従業員のこと）が行なう作業より間違いが少ない。それは『Re〜らぶ』は、作業には間違いが発生するという前提のもと、それをどのように防ぐかという視点で作業を進めている。自分たちは、間違いが発生しないという前提のもと作業を行なっているのでどうしても間違いが発生する。」このように「Re〜らぶ」の作業を評価していた。

　二つ目は、作業の仕方をスタッフから教わるという受動的に作業に取り組むのではなく、このようにメンバー自らスタッフと共に作業の方法の検討をすること、そして、自分たちの視点から作業をしやすいようにするにはどのようにすればいいか検討することは、スタッフとメンバーが「支援する」−「支援される」という枠組みだけではなく、協同して活動に取り組むこと、関係性の変化を示している。この協同的な取り組みによってメンバーは活動により能動的にそして、主体的にこのコミュニティに参加することができている。

第4節　本章のまとめ

1．「自分たちの作業所」という意味の形成

　この章では、第5章で述べた「Re〜らぶ」が居場所から就労の場へとこのコミュニティの実践を変化させた後、「自分たちの作業所」というコミュニティの実践の意味を共有できるような実践をどのように組織化してきたのかみてきた。

　今日の福祉において地域での暮らしを支える支援は、どのような支援であっても本人が自ら選択し、主体的に生きていくこと、すなわち本人のエンパワーメントにつながらなければ意味があるとは言えないと考えられている。そのため支援者は障害者本人が主体的に社会参加し、充実した人生を送っていけるよう本人との共同作業の中で支援を行ない、障害を持つ人と対等な立場で本人の主体性を尊重した支援、自己決定や自己実現を図っていくことが求められている（加藤,2007）。支援の現場に関わる人々にとって、それは強力な理念的支柱になり、避けて通れない課題でもある。もちろん「Re〜らぶ」のスタッフもこの課題に取り組むことが要求されている。スタッフはこの課題に取り組むためメンバーとそ

の活動の意味を共有化できるような実践を組織化していった。

　その最初の取り組みが「話し合うシステム」の導入である。スタッフは、例えば、メンバーたち自身に自分たちがどのようにしたら作業をしやすいのか、あるいは、何をしたいのかなどを自分たちのことを自分たちで考え、メンバーとスタッフで共有していくことが大切だと考えて、話し合う場を導入した。メンバーには「自分たちのことなのだから」と言いメンバーが話し合いの場に積極的に参加していくことを促す。このような話し合いの場に参加することは、実際に行なわれる活動にどのように参加するのかをスタッフとメンバーがお互いに学ぶことでもあり、このような場を通して、メンバーは実践に能動的に参加すべきであるという意識を形成していった。

　この時期「石けんづくり」においてもスタッフは、メンバーがこの活動にアクセスできることを増やし、参加をより深められると共に主体として関われるような活動を組織化していった。そして、「Re～らぶ」での活動にメンバーが主体的に参加するようになるに従い、スタッフとメンバーの関係性に変化が生じた。メンバーが直接関係する作業所の運営に関わることは、メンバーとその情報を共有したり、場合によっては判断をメンバーにゆだねたりする場面が見られた。これらのことからメンバーとスタッフの関係性が見えてくる。スタッフとメンバーの関係性は、「支援する人」と「支援される人」という関係だけではなく、お互いの主体性を尊重し、共に「Re～らぶ」の参加者であるという認識を共有していることがわかる。

　これらの両者の関係の変化は、新しい作業への取り組みにもより明確に表された。作業の仕方をスタッフから教わるというという受動的に作業に取り組むのではなく、このようにメンバー自らスタッフと共に作業の方法を検討をすること、そして、自分たちの視点から作業をしやすいようにするにはどのようにすればいいか検討することが行なわれた。これらは、スタッフとメンバーが「支援する」－「支援される」という枠組みだけではなく、協同して活動に取り組むこと、関係性の変化を示している。この協同的な取り組みによってメンバーは活動により能動的にそして、主体的にこのコミュニティに参加することになる。

　「Re～らぶ」のメンバーになることは、このようなコミュニティの参加の仕方を学ぶことかもしれない。このような参加の仕方が「自分たちの作業所」という認識を形成していく。コミュニティの中で活動の意味や自分たちの関係性を参加

者は実践を通して創りなおしているのである。

2. コミュニティのデザイン——実践を組織化する——

　今まで述べた実践の組織化は、スタッフが行なったメンバーが「Re～らぶ」の実践に主体的に参加できるようにするためのアクセスをデザインしたことによるが、同時にこのアクセスのデザインは、メンバーが実践に主体的に参加するためのしくみづくりだと言える。それは、従来からの「Re～らぶ」のスタッフの支援の仕方、メンバーが苦手であること、「できない」こと、「わからない」こと、そして持っている能力や活動可能性を理解し、メンバー一人ひとりに合わせた細かな支援のもとで行なわれ、メンバーは「Re～らぶ」の活動に参加することができていた。ただ異なるのは、これまでより積極的にスタッフが能動的に、そして主体としてメンバーが参加できるように活動を作り出していったこと、それに応じる形でメンバーは活動に参加していったことである。言い換えると、スタッフは自分たちがアクセスのデザインをした活動にメンバーを積極的に巻き込み、メンバーはそれに能動的に巻き込まれ、かつ加わっていったのである。この巻き込む―巻き込まれる関係を通して、メンバーとスタッフが共に主体としてこのコミュニティに協同的に参加することになった。このような実践の組織化、アクセスのデザインはコミュニティを変えていくものとなった。

　コミュニティの課題を解決するためには、コミュニティの力を高めるようなデザインをすることが必要であると言う。コミュニティのデザインは、無理なく人々が協働する機会をどう生み出すべきか、どのようにすればコミュニティの参加者自身が課題を乗り越えるような力を発揮するようになるのか、それをどう持続させていけばいいのかを考えることである（山崎, 2011）。今回の実践の組織化はこのようなコミュニティのデザインの一つであると言える。

文献

Dewey, J. 1916 Democracy and Education: An Introduction to the Philosophy of Education. New York: Macmillan. 松野安男（訳）　1975　民主主義と教育（上）　岩波書店.

伊藤崇・藤本愉・川俣智路・鹿島桃子・山口雄・保坂和貴・城間祥子・佐藤公治　2004　状況論的学習観における「文化的透明性」概念について：Wenger の学位論文とそこから示唆されること　北海道大学大学院教育学研究科紀要　第93号　pp. 81-157.

加藤啓一郎　2007　知的障害者通所施設の現在　そだちの科学　No. 8　pp. 94-101.

Lave, J. & Wenger, E. 1991 Situated Learning: Legitimate Peripheral Participation. Cambridge: Cambridge University Press. 佐伯胖（訳）1993　状況に埋め込まれた学習 – 正統的周辺参加 – 産業図書.

ソーヤーりえこ　2006　社会的実践としての学習 – 状況的学習論概観 – 上野直樹・ソーヤーりえこ（編）文化と状況的学習　実践、言語人工物へのアクセスのデザイン　pp. 41-89　凡人社.

Wenger E.　1990　Toward a Theory of Culture Transparency: Elements of a social discourse of the visible and the invisible. Doctoral dissertation, University of California, Irvine.

Wenger, E.　1998　Communities of Practice. Cambridge: Cambridge University Press.

Wenger, E. McDermott, R. & Snyder. W. M. 2002 Cultivating Communities of Practice. Boston, MA: Harvard Business School Press. 桜井祐子（訳）2002　コミュニティ・オブ・プラクティス　ナレッジ社会の新たな知識形態の実践　翔泳社.

山崎亮　2011　コミュニティデザイン – 人がつながるしくみをつくる –　学芸出版社.

終　章

　本研究では、高次脳機能障害が「医療と福祉の谷間の障害」とされ、この障害に対する確立された支援方法や社会資源がない時期にその実践を開始した小規模作業所において、新しい福祉の理念や制度のもと、スタッフとメンバーたちがお互いの思いを共有しながら歴史的・状況的にどのようにコミュニティを生成してきたのか、そのプロセスを追ってきた。終章では、これまでの「Re〜らぶ」というコミュニティの生成のプロセスを総括しながら、このコミュニティの実践が持つ意味について改めて考えてみたい。

1. 福祉のコミュニティ・「Re〜らぶ」の生成のプロセス

　実践のコミュニティとは次のように定義することができる。「必ずしも同じ場所にいることを意味しないし、明確に定義される、これとはっきりわかるグループを意味してもいない。あるいは社会的に識別される境界があるわけでもない。それは参加者が自分たちが何をしているか。またそれが自分たちの生活と共同体にとってどういう意味があるかについての共通理解がある活動システムへの参加」（Lave & Wenger, 1991, 邦訳, p. 80）を意味する。ウェンガー（1990）においても「実践の共有」という視点はさらに強調される。つまり、実践のコミュニティとは単に制度的に組織化されているものというより（制度的な社会組織でなく）人々が「ある特定の実践を共有している」グループを指す。実践のコミュニティは制度的枠組みをリソースとして利用しつつ、実践を共有する中で状況的に構成され再構成されるとする（ソーヤー, 2006）。

　第2章では、「Re〜らぶ」の設立以前に高次脳機能障害に対する診断やリハビリテーションの方法が確立されておらず、また福祉の面でもこの障害を持つ人が利用できるサービスがほとんどなかった2001年当時、いわば、高次脳機能障害に対する支援が模索されていた中で開設された小規模作業所（A作業所）におけ

る実践を取り上げた。A作業所に参加するメンバーたちにとって、この場はリハビリや訓練を前面に出す活動の場ではなく、憩いの場というのでもなく、自分たちの「今」に合った無理のない適度な作業や活動があるところ、また就労ということを意識しつつも、作業所のメンバーでいることに抵抗を感じないところ、そのような「曖昧さ」を兼ね備えているのがこの作業所であった。それはメンバーのアイデンティティを表し、メンバーたちはそのようなアイデンティティでいられる作業所に意味を見出してこの作業所に参加していた。また、このように場の意味を「曖昧」にすることは、当時の高次脳機能障害者がおかれた状況からも必要とされていた。様々なニーズを抱え、異なる参加の目的を持つ高次脳機能障害者を同時に受け入れなければならなくなったA作業所は、このように場の意味を「曖昧」にすることにより、より多くのメンバーの参加を可能にしていった。しかし、そこに矛盾が生じる。場の意味を「曖昧」にしている限り、実践を共有することの困難さが生じるのである。

　この章の事例では、篠田さんが中心となってA作業所をリハビリ、勉強の場に変えようとした時に行なわれたA作業所の実践は、古くからのメンバーに違和感や作業所への不参加を生むことになり、A作業所は危機に直面をした。その実践は、古くからいるメンバーの場の意味、コミュニティに参加する意味を共有できる実践ではなかったのである。このように場が持つ意味、そしてメンバーがコミュニティに参加する意味が異なれば、当然、実践を共有していくことは難しくなることは確かである。もちろん、レイヴら（1991）が言っているようにコミュニティのメンバーは異なる関心を寄せ、活動に多様な形で参加をし、様々な考えを持っている。したがって、コミュニティでは、多層的レベルでの参加が見られるのも当然だろう。しかし、コミュニティを継続していくためには、どのような形であっても実践を共有することが必要とされる。実践を共有できなければ、それは、単なる人の集合状態にしかならない。この当時のA作業所において、実践の意味を共有できる新たな活動を構築しなければいけないという大きな課題が立ち現れたのである。

　この章で紹介した事例は、このあと研究のフィールドとなった「Re〜らぶ」という福祉のコミュニティに参加する意味をめぐり、いかに実践を共有していくか、つまり、参加者が自分とコミュニティにとってどういう意味があるのかについての共通理解可能な活動システムをいかに実践を通して構築するかという課題

を提起するものとなった。「Re～らぶ」ではその活動の意味を「居場所」から「就労の場」へ変える試みが行なわれたが、どのような実践を行ない、実践や場の意味を共有可能なコミュニティに作り変えていったのかを明らかにしていくことが次章以降の研究の目的となった。

　A作業所の設立から数年遅れて「Re～らぶ」が作られた当時も、高次脳機能障害者がおかれている状況に変わりはなかった。高次脳機能障害者の家族たちがこの障害を持つ人のための「行き場所」がまずは欲しいとの願いのもとで、自分たちの手でこの「Re～らぶ」という名の作業所を設立し、この障害を持つ人の「居場所」としてその実践は開始された。しかしながら、そこに通うメンバーは一般就労に就くことを目指しており、「Re～らぶ」は就職するまでの間、一時的にいる場としてメンバーとスタッフに理解されていた。自分たちの一時的な「居場所」である「Re～らぶ」にメンバーは自分の予定がない時に来所して、スタッフから依頼された作業を手伝うが無理をしないというルールのもと活動に参加していた。スタッフの方も「メンバーがゆっくりと安心して過ごせる場所を作れたら」と言い、作業はスタッフが中心的に担っていた。そのためメンバーの「Re～らぶ」への参加と実践への関わりはメンバーとスタッフの両者によって制約されていた。

　しかしながら、「居場所」としての「Re～らぶ」は矛盾を抱えることになる。メンバーが再び就労を希望してもなかなかその実現や継続が難しいこと、「Re～らぶ」で「働きたい」と希望するメンバーが新たに加わったこと、同時に制度的にも「障害者自立支援法」が施行されたことなどにより「Re～らぶ」が「就労の場」として活動を変えていかなければいけない状況が発生した。「就労の場」にするためには、新たな授産活動を生み出すこと、そして、メンバーの「Re～らぶ」への参加の仕方と共に実践への関わりを「居場所」の時とは異なるものに変えていく必要が生まれた。つまり、「Re～らぶ」を「働く場所」として実践を共有できる活動システムを新たに生み出さなければならなくなったのである。しかし、当時の「Re～らぶ」では、具体的にどのような実践をしたらよいのか見えない状況であった。

　矛盾はネガティブな影響を与えるばかりでなく実践を変える原動力になる可能性があるとされる。エンゲストローム（1987）によると、コミュニティが本来的に抱える矛盾が根本的な実践構造の変革を生むと言う。活動に潜む矛盾は、個人

的な行為だけでは解決されないダブルバインドの状況を実践の現場での人々の協同的活動によって解決する新たな活動システムを出現させるためには必要なものであるとする。「Re〜らぶ」では、「居場所」から「働く場所」へとこのコミュニティが担う役割を変化させいくことになるが、この時期に「Re〜らぶ」が抱えていた矛盾が、コミュニティの実践にとどまらず、コミュニティ自体をも変化させる原動力になったと考えられる。

　この矛盾が、どのようなプロセスを経て「居場所」から「働く場所」へと実践の意味を変える新たな活動システムを生み出したのかを端的に述べると、「Re〜らぶ」で行なう授産活動が明確になったこと、それに伴い、メンバーの実践活動への関わりが深まっていったことによる。実践への関わりが可能になっている状態をアクセスと呼ぶが、コミュニティそして、コミュニティでの実践活動へ参加するには、広範囲の進行中の活動、古参者たち、さらにコミュニティの他の成員、さらには、情報、資源、参加の機会へのアクセスが必要なのである（Lave & Wenger, 1991）。新しい活動システムの生成のプロセスはメンバーの実践へのアクセスの広がり方を追うことを通して見えてくる。

　「居場所」として機能していた「Re〜らぶ」が「働く場所」という意味を持つ場への移行の試みは、どのような授産活動を行なうのかというスタッフの模索から開始された。「安定して工賃を渡したい。それがここを運営するものの責任」と言うようになったスタッフはどのような取り組みをすべきか悩んだが、これまでの「石けんづくり」の実績が認められ石けん1万個という大量の受注をタイミングよく受けることでこれは解消されることになった。これにより「Re〜らぶ」ではこれまでとは比べ物にならないほど数多く、そして頻繁に石けんを作らなくてはならない事態が発生した。「石けんづくり」は、これまで通りスタッフのメンバーの特性を理解した支援のもと行なわれたが、常時行なわれるようになったことにより、スタッフの指示のもと受動的ではあるがそれぞれ自分が何をやればいいのかということがメンバーの中で明確化し、それと同時に、スタッフの支援のもと自分に課された役割は適切に行なうことができるという経験の繰り返しを生んだ。このような経験がメンバーの通所する動機につながり、これまで休みがちであったメンバーのコミュニティの参加の機会へのアクセスを増やしていった。

　そして、次に見られた実践へのアクセスの広がりは、このコミュニティにとって知識キャピタルを持つ新しいメンバーによるブローカリングによりもたらさ

た。この社会人の経験もある新しいメンバーは、自分のできることから積極的に作業に加わると共に、「石けんづくり」に対して意見や新しい作業の方法について提案を求められることがあった。また、「Re〜らぶ」に「社会のルール」や一般会社にあるような「職場のルール」をブローカリングした。これまで「Re〜らぶ」ではメンバーが守るべきルールが明示されることはなかったが、このブローカリングをきっかけに「Re〜らぶ」のメンバーに無理のない範囲でメンバーが守るべき「職場のルール」が作られ、自分たちがこれからどのようなことを身につけなければいけないのか確認された。このように「Re〜らぶ」においてメンバーがすべきことが共有され、そして自分のできることを通して積極的に作業に参加する新しいメンバーに影響を受けた他のメンバーたちも、自分たちができることは自主的に行なうようになっていった。これまでのスタッフからの一工程ずつの細かい指示を待って次の作業を開始するという状態から、これから何をするのかスタッフから簡単な指示をされるだけで作業を進めるようになった。また、指示されなくてもメンバーが自主的に作業の準備を開始して作業の段取りをしたり、作業が終った時にはスタッフに言われなくてもその片づけを自主的にするようになっていった。また、自分たちができることをベースに新しい作業に加わる場面が見られるなど、より広範囲の進行中の活動にアクセスが可能になっていった。

　そして次に、「石けんづくり」の分業化を通してメンバーがそれぞれ自分たちのできることを安定して行なえるように活動のデザインがスタッフの手により行なわれ、メンバーの活動へのアクセスがより確実なものになっていった。分業化の一つの問題点として、分業することで仕事の全体像が捉えにくくなること、作業工程の全体の中で自分がどのような役割を果たしているのか見えにくくなることが指摘されるが、「Re〜らぶ」では意図的にではないが、「ミーティング」を通じてこの問題に取り組むことになった。これまでも「Re〜らぶ」では朝の会や終わりの会などのミーティングの時間は大切にされ、朝の会ではその日の予定を確認し、終わりの会ではその日の行った作業や一日の感想が話し合われてきたが、この時期は、これまで以上に詳しくそれらのことが話されるようになった。スタッフの受容的・呼応的な関わりの中で行われるミーティングでメンバーがそれぞれ発言をすることは、各自が作業目標やその日行なった作業結果を確認する機会になるとともに、それぞれのメンバーが行なう作業とその結果を理解し共有することでもある。また、全体の作業を把握するとは、自分が行っている作業の

意味や自分の役割を確認することに結びついていく。さらには、その日の感想や
それぞれの思いを発表し、共有していく試みは、それぞれの情緒面に関わること
となり、他者理解を促しメンバーの関係性を変えていくものとなる。分業をはじ
めとするこのような一連の出来事は、より広範囲の進行中の活動、そしてコミュ
ニティの他のメンバーへのアクセスが可能になりメンバーの実践活動への参加が
さらに広がったことを意味すると同時に、「自分たちの仕事」という意識の明確
化につながったと考えられる。実践のコミュニティは、その活動の意味を具体的
な実践を通して見出していく意味の場である。実践のコミュニティの参加者たち
は自分たちが何をすべきか、またそれが自分とコミュニティにとってどのような
意味があるのかについての共通理解がある活動システムへ参加（Lave & Wenger,
1991）をする。場が持っている意味の理解はメンバーの実践へのアクセスのあり
方に依存するが、このように実践へのアクセスを広げていったメンバーにとって、
そしてスタッフにとっても「Re〜らぶ」は「居場所」から「就労の場」として
位置付けられるようになっていった。

　しかしながら、このように「Re〜らぶ」が「居場所」から「就労の場」へと
このコミュニティの意味を変化させた後、第二の矛盾が立ち現れた。福祉の現場
が担う福祉の理念の実現にどのように取り組むかという課題が残されていたので
ある。福祉の理念は、障害者本人が主体的に社会参加することを目指し、支援は、
障害を持つ人と対等な立場で本人の主体性を尊重した支援を行ない、自己決定や
自己実現を図っていくこと（加藤, 2007）を通して実現されるとする。第6章に
おいてスタッフとメンバーは共に「Re〜らぶ」のことを「自分たちの作業所」
と呼ぶようになっていったが、このプロセスこそ、先ほどの課題に対する答えと
なる。つまり、この時期に現れた矛盾が、どのような新しい活動システムを生み、
新しいコミュニティを創造したのかという問いに答えることになる。このプロセ
スは、まずスタッフが「自分たちの作業所」という意味を共有できるような実践
へのアクセスのデザインを行なうことから始められた。「自分たちの作業所」と
いう言葉は、スタッフがデザインした実践へのアクセスを通して、メンバーが能
動的に、そして主体的にその実践に参加した結果生み出された言葉であったので
ある。

　その最初の取り組みが「話し合うシステム」の導入である。スタッフは、例え
ば、メンバーたち自身に自分たちがどのようにしたら作業をしやすいのか、ある

いは、何をしたいのかなどを自分たちのことを自分たちで考え、メンバーとスタッフで共有していくことが大切であるとして、話し合う場を導入した。メンバーには「自分たちのことなのだから」と言い、メンバーが話し合いの場に積極的に参加していくことを促す。このような話し合いの場に参加することは、実際に行われる活動にどのように参加するのかをスタッフとメンバーがお互いに学ぶことでもあり、このような場を通して、メンバーは実践に能動的に参加すべきであるという意識を形成していった。

「石けんづくり」においてもスタッフは、メンバーがこの活動にアクセスできることを増やし、共に主体として関われるような活動を組織化していった。そして、「Re〜らぶ」でのその他の活動にもメンバーが主体的に参加するようになるに従い、スタッフとメンバーの関係性に変化が見られた。メンバーが直接関係する作業所の運営に関わることは、メンバーとその情報を共有し、場合によっては判断をメンバーにゆだねたりする場面が見られた。スタッフとメンバーの関係性は、「支援する人」と「支援される人」という関係だけではなく、お互いの主体性を尊重し、共に「Re〜らぶ」の参加者であるという認識を共有している。

これらの両者の関係の変化は、新しい作業への取り組みにもより明確に表された。作業の仕方をスタッフから一方的に教わるという受動的な作業への取り組みではなく、メンバー自らがスタッフと共に作業の方法の検討をすること、そして、自分たちの視点から作業をしやすいようにするにはどのようにすればいいか検討する試みが行われた。これらは、スタッフとメンバーが「支援する」−「支援される」という枠組みだけではなく、協同で活動に取り組むという関係性の変化を示している。この協同的な取り組みによってメンバーは活動により能動的にそして、主体的にこのコミュニティに参加するようになる。このような参加の仕方が「自分たちの作業所」という認識を形成していく。コミュニティの参加者たちは、活動の意味や自分たちの関係性をコミュニティの中で実践を通して創りなおし、コミュニティの新たなかたちを共同構築しているのである。

2．「Re〜らぶ」の実践が意味するもの

筆者は、第4章において「Re〜らぶ」の記憶に障害を持つメンバーと彼らを支援するスタッフは、共同で記憶障害を不可視にするシステムを作り上げている

ことを説明した。「Re〜らぶ」では、スタッフはメンバーが苦手であること、「できない」こと、「わからない」こと、そして持っている能力や活動可能性を理解し、メンバー一人ひとりに合わせた細かな支援を行なっていた。メンバーはその支援のもと作業所の活動に参加する。また、「Re〜らぶ」においてスタッフは、メンバーに「覚えている？」、「わからないの？」などと問いただすことはほとんどなく、メンバーの障害を可視化するのをできるだけ避けていた。また、メンバーも話の中や活動の中でわからないことがあっても「わかったふり」や「話を切り替え、わからないことを避ける」ことによって、自分の障害を可視化させることを避ける行為を行なっていた。このことは何を示唆しているのであろうか。ここには、メンバーが「健常者と共に生きる」時に人とどのような関係を築き、どのような自分で生きていきたいかの思いが込められている。そして「Re〜らぶ」では、このメンバーの思いを受け、メンバーの「わからないこと」を支援という形を取り、スタッフが埋めているのである。これがスタッフとメンバーが作り出した「Re〜らぶ」の「システム」であり、〈共に生きるかたち〉であった。

　しかし、この障害を不可視化するシステムにおいて、メンバーの「わからないこと」、「できないこと」を不可視化し支援するというスタッフの支援のあり方は、ある意味で保護的であるともいえる。通常のリハビリテーションの進め方は、できないことを直面化させて進める、障害を受容して進めるというデザインが用いられることが多い。できないことを直面化させず、その障害を不可視化する支援は、いってみれば、保護的ともいえるのだ。したがって、このような支援のあり方は、メンバーの無力化を生み、自立を阻んでしまう可能性があること、また、このような作業所のシステムのもとでは、メンバーが障害に向き合うことがそもそもないという矛盾が発生すると指摘することもできるであろう。

　しかしながら、「Re〜らぶ」においては、このような問題や矛盾が表面化することなくこれらを乗り越えていく。第4章で説明したように「Re〜らぶ」では、能力障害の軽減を目標にされることはなく、作業所という場において残存する能力を使いながら人々と関係を築き、メンバーの特性を理解したスタッフの支援と環境調整のもと生活のしづらさの改善を目指すアプローチを行なっている。個人が持つ能力障害はそのままでもメンバーにとって適切な社会的環境を作り出すことで能力障害をカバーし、社会参加することを目指している。スタッフは「メンバーのできること」に注目し支援を行ない、メンバーは、自分の障害に向き合う

よりも「自分のできること」をから活動に参加することが「Re〜らぶ」においては必要とされる。

　しかし、それは同時に、「メンバーができること」は、「メンバーができないこと」をスタッフが理解するという表裏の関係かもしれない。また、メンバーの「自分のできること」から活動に参加することは「自分のできないこと」に気づく試みかもしれない。どちらにせよ、ポジティブな視点からスタッフは支援を行ない、メンバーは活動に参加することを通して「Re〜らぶ」では、実践を生成していく。先ほどの問題や矛盾を直接解決することはないが、異なる方法で、それらを乗り越えていくのである。

　第5章以降では、この問題や矛盾をどのように乗り越えていったのかその答えを述べることになった。「居場所」から「働く場所」へ「Re〜らぶ」が担う場の意味を移行した時も、スタッフの支援の仕方は変わることはなかった。「障害は一人ひとりが違うこと、障害が重度、軽度であってもその人のできることから取り組む」、「一人ひとりが今できる能力を使ってそれぞれのペースで確実に作業をこなせるように支援する」という「Re〜らぶ」の支援方針のもと、スタッフは一貫した支援を行なっていった。「Re〜らぶ」では、メンバーの特性を理解したスタッフの支援と環境調整のもと「メンバーのできること」から活動への参加を図っていった。ある意味、保護的支援といわれる支援は変わることはなく継続され、また、メンバーが自分の障害に向き合うことのないという矛盾はそのまま残されたままであったが、「メンバーのできること」に注目した支援は、メンバーが持つ能力障害はそのままでも適切な社会的環境を作り出すことで能力障害をカバーし、メンバーの実践への参加を広げ「Re〜らぶ」を「働く場所」へ変えていった。そして、第6章においては、「自分たちができること」から作業所の活動に深く関与するようになったメンバーは、スタッフとメンバーお互いの主体性を尊重し、共に「Re〜らぶ」の参加者であるという認識を共有できる活動を生み出すコミュニティに至ったのである。

　「人はともに生き、共有の生活世界を立ち上げる」その中で、「人は手持ちの力を使い、なんとかやりくりしながら、自分の最大限をそのつど生きていくなかで初めて、次の力は伸びてくる。そうしてみれば発達とは、あくまで結果であって、目標ではない」と言う（浜田, 2006）。保護的支援といわれる支援が生み出す問題、そしてメンバーが障害に向き合うことがないという矛盾を抱えたままでも、「メ

ンバーができること」に注目した支援と「自分たちができることから」というメンバーの活動への参加によって生成される実践がこれらの問題や矛盾を乗り越えていく力となった。それは、「メンバーができること」に注目した支援、「自分たちができることから」というメンバーの活動への参加が次々に実践を組み換え、コミュニティを共同構築したということでもある。

　「Re〜らぶ」は、「居場所」から「働く場所」へ、そして、第6章においてさらに「共に働く場所」へとこのコミュニティが持つ意味を変化させたが、〈共に生きるかたち〉もそれとともにそのかたちを変えることになる。今日の福祉において地域での暮らしを支える支援は、どのような支援であっても本人が自ら選択し、主体的に生きていくこと、すなわち本人のエンパワーメントにつながらなければ意味があるとは言えないと考えられている。そのため支援者は障害者本人が主体的に社会参加し、充実した人生を送っていけるよう本人との共同作業の中で支援を行い、障害を持つ人と対等な立場で本人の主体性を尊重した支援、自己決定や自己実現を図っていくことが求められている（加藤, 2007）ことを本論文でも繰り返し述べてきた。支援の現場に関わる人々にとって、それは強力な理念的支柱になり、避けて通れない課題になっている。

　もちろん、「Re〜らぶ」のスタッフもこの課題に取り組むことが要求される。スタッフはこの理念の実現に向けてメンバーとその活動の意味を共有化できるような実践を組織化していった。この実践の組織化は、スタッフが行なったメンバーが「Re〜らぶ」の実践に主体的に参加できるようにするためのアクセスをデザインであり、同時に、メンバーが実践に主体的に参加するための仕組みづくりだと言える。メンバーの実践への主体的な参加は、従来からの「Re〜らぶ」のスタッフの支援の仕方である「メンバーができること」に注目した支援、つまり、メンバーの持っている能力や活動可能性を理解し、メンバー一人ひとりに合わせた細かな支援のもとで行なわれた。ただ異なるのは、メンバーが能動的に、そして主体として参加できるような活動のデザインをスタッフがこれまでになく積極的に行なったことである。言い換えると、スタッフは自分たちがアクセスのデザインを行なった活動にメンバーを積極的に巻き込み、メンバーはそれに能動的に巻き込まれながら、その活動に意味を見出し参加していったのである。この巻き込む―巻き込まれる関係を通して、メンバーとスタッフが共に主体としてこのコミュニティに立ち現われ、協同的に実践を生成するようになっていった。こ

れがメンバーとスタッフの新たな〈共に生きるかたち〉である。

　筆者は、本研究の後半において「主体」という言葉を何度か用いてきた。最後にこの「主体」という言葉の意味を検討することを通して「共に生きること」について考えていきたい。「主体」という言葉に限らず、福祉においては「主体性」、「自己決定」、「自己実現」などの概念が着目され、それを実現することが福祉の現場では求められてきた。しかしながら、これらの概念の実現を福祉の現場で強調するだけでは、人の孤立や管理と統制が福祉の現場に持ち込まれるだけに過ぎなくなると思われる。なぜなら、これらの概念の実現は「個」において達成されるべきものでありコミュニティなどにおいて人との関係の中で共同構築していくものとはみなされていないからである。「近代という社会は、その誕生によって同時に『近代的自我』と呼ばれる新しい人間観と能力観を社会にもたらした。つまり、近代の誕生は、土地や権力に束縛されないで自由に生きていく新しい人間を生んだが、同時に彼らは自由の代償として自分の力だけで生きていくという個人の能力の伸長と、自己の責任で生きていくという課題が課せられるようになった」（佐藤, 1999, p. 3）と言う。この文脈で言うと、近代的個人主義においては、人はいわゆる「自立」した人間になることが求められることになる。この近代的個人主義を前提として、福祉の理念の中で出てくる「主体性」、「自己決定」や「自己実現」などの概念も使用されてきたのであろう。

　しかしながら、人は決して他者やそして社会という世界と孤立した形では存在しない。したがって、これらの概念はそもそも人々の関係の中から立ち現れるものではないだろうか。筆者が本研究において「主体」という言葉を用いた時は、スタッフ、あるいは、まわりの人との関係において「主体」が立ち現れてきたときだけである。人々が協同する機会を生み出し実践を生成したときにはじめてスタッフとメンバーが共に「主体」として立ち現れてきたのである。このプロセスが〈共に生きるかたち〉の生成でもある。この＜共に生きるかたち＞という言葉は「共生」という言葉に置き換えることも可能であろう。共生とは、多様性、異質性、差異をふまえながら、共に在る、ということで、人々が、時には協働し、時には葛藤することを意味する。そして、対等な関係のもと対話、コミュニケーションをし、共生的結合を行ないながら、新たなシステムを構築していくことを意味する（三重野, 2008）と言う。そこでは、信頼感や連帯感が必要とされる。

　「Re～らぶ」には現在、さまざまな特徴を持つメンバーがその活動に参加して

いるが、「障害は一人ひとりが違うこと、障害が重度、軽度であってもその人の
できることから取り組む」、「一人ひとりが今できる能力を使ってそれぞれのペー
スで確実に作業をこなせるように支援する」という支援方針のもと、スタッフは
支援を行なっている。メンバーが今ある力を使って参加できる活動を考え、その
活動にメンバーが参加できるようにまずは、実践へのアクセスのデザインを行な
う。同時に、このアクセスのデザインは、スタッフとメンバーの関係性を「支援
する人」と「支援される人」という関係性だけではなく、お互いの主体性を尊重
し、共に「Re～らぶ」の参加者であるという認識を共有するような活動のデザ
インをする。スタッフは自分たちがアクセスのデザインを行なった活動にメン
バーを積極的に巻き込み、メンバーはそれに能動的に巻き込まれながら、その活
動に意味を見出し参加していく。この巻き込む—巻き込まれる関係を通して、メ
ンバーとスタッフが共に主体としてこのコミュニティに立ち現われ、協同的に実
践を構築しているのである。

　スタッフとメンバーは、このように活動の意味や自分たちの関係性をコミュニ
ティの中で実践を通して絶えず創りなおし、「共生」に向けたコミュニティの新
たなかたちを生成し続けている。

文献

Engeström, Y. 1987　Learning by expanding: An activity-theoretical approach to developmental
　　research.Helsinki: Proemta-Konsultit.　山住勝広・松下佳代・百合草禎二・保坂裕子・庄
　　井良信・手取義宏・高橋登（訳）1999　拡張による学習－活動理論からのアプローチ－新
　　曜社.
浜田寿美男　2006　発達支援の本来はどこにあるのか　教育と医学　635　pp. 4-11.
加藤啓一郎　2007　知的障害者通所施設の現在　そだちの科学　No. 8　pp. 94-101.
Lave, J. & Wenger, E. 1991 Situated Learning: Legitimate Peripheral Participation.
Cambridge: Cambridge University Press. 佐伯胖（訳）1993　状況に埋め込まれた学習－正
　　統的周辺参加－産業図書.
三重野卓　2008　共生価値と社会経済システム　三重野卓（編）共生社会の理念と実際　pp.
　　180-197　東信堂.
佐藤公治　1999　対話の中の学びと成長　金子書房.
ソーヤーりえこ　2006　社会的実践としての学習－「状況的学習論」概観－　上野直樹・ソー
　　ヤーりえこ（編）文化と状況的学習　実践、言語人工物へのアクセスのデザイン　pp.
　　41-89　凡人社.

Wenger, E. 1990 Toward a Theory of Culture Transparency: Elements of a social discourse of the visible and the invisible. Doctoral dissertation, University of California, Irvine.

あとがき

　本書は、北海道大学大学院教育学研究科に提出した博士学位論文「福祉の現場における「共生」に向けたコミュニティの生成——福祉現場のエスノグラフィーから——」に基づくものです。本書をまとめるにあたって加筆修正しました。平成28年度科学研究費助成事業（研究成果公開促進費）JSPS 科研費16 HP 5177の助成を受け出版されました。

　この論文を作成するにあたり北海道大学名誉教授佐藤公治先生には、学部時代から15年の長きにわたりご指導いただきました。なかなか研究調査も論文の執筆もすすまない中、いつも丁寧かつ的確なコメントをいただきました。先生から社会文化的アプローチを学び、そして、ヴィゴツキーやレイヴ、そしてウェンガーのアイディアを紹介していただきました。また、実践を丁寧に見ていくことの大切さ、そして、実践をいかに読み解いていくのか、その理論的枠組みについてご教示をいただきました。本書の執筆においても再度ご指導いただき、深く感謝申し上げます。そして、私の長い大学院生活を共に過ごした発達心理学研究室の院生の皆様からは、多くの重要なコメントをいただきました。心よりお礼申し上げます。

　フィールドワークにおいてお世話になり調査に協力していただいたみなさま、特に「Re～らぶ」のスタッフやメンバーのみなさまには、長年にわたり、ご理解とご協力をいただき心より感謝申し上げます。私がお伺いするたびに暖かく受け入れてくださったみなさまには、どのように感謝を申し上げても足りないくらいです。初めてお会いしてから15年近い月日が流れています。焼き肉店が閉店した場所を借りてメンバー3名とスタッフ3名と自分たちの手で清掃し改装して作業所の場所を作ったこと、そして、そこで一緒に石けんを作ったり、楽しくご飯を食べたりした日々が懐かしく思い出されます。今では、「Re～らぶ」の利用者は25名を超え、事業所も移転して駅の近くの近代的なビルの中にあります。この15年の中で実に多くのことが変わったことに驚きを感じます。高次脳機能障害に対する支援がない中、そして、福祉制度の枠組みの再編する動きの中で、スタッ

フやメンバーがさまざまな困難に出会いながらも、明るく、そして、ひたむきに
お互いを思いやりながら、自分たちの場所を作り上げ、共に生きてきた時間を共
有させていただけたことは私の人生においてとても大きな財産となりました。こ
れからもよろしくお願いいたします。

　最後に、会社を退職し大学に入りなおして心理学を学びたいと言った私のわが
ままを許し、とても心配しながらもいつも温かく私の研究生活を見守ってくれた
今は亡き父、そして、母と弟にとても感謝しております。

　私が、論文を完成することができたのはみなさまのおかげです。本当にありが
とうございます。

青木　美和子

[著者略歴]

青木美和子（あおき　みわこ）

札幌国際大学人文学部心理学科准教授
NPO法人 Re〜らぶ副理事長

藤女子大学文学部を卒業後、旅行会社勤務を経て北海道大学教育学部に編入。
北海道大学大学院教育学研究科博士後期課程修了。
博士（教育学）。

主な著書・論文
「記憶障害を持って人と共に生きること」(2007) 質的心理学研究第6号 p. 58-76. 新曜社
　　　──日本質的心理学会　学会賞優秀フィールド論文賞受賞（2009）──
「小規模作業所における「共に生きる場」の生成」(2008) 札幌国際大学紀要　第39号 p. 121-132.
「障害者と共に生きる」(2011) 茂呂雄二・田島充士・城間祥子（編）「社会と文化の心理学」p. 144-158. 世界思想社
「絵本の読みあいから生まれるもの」(2015) NPO法人 Re〜らぶ（編）「ちょっと不思議な絵本の時間・おとなが読みあい語りあう」p. 112-115. かもがわ出版
　　　──国際児童図書評議会（IBBY）障害児図書資料センター2017年推薦図書──

福祉の現場における「共生」に向けたコミュニティの生成

2016年12月20日　第1版第1刷発行

ⓒ著　者　　青　木　美　和　子
発　行　所　　多　賀　出　版 ㈱

〒102-0072　東京都千代田区飯田橋3-2-4
電　話：03 (3262) 9996㈹
E-mail:taga@msh. biglobe. ne. jp
http://www. taga-shuppan. co. jp/

印刷／文昇堂　製本／高地製本

〈検印省略〉　　　　　　　　　落丁・乱丁本はお取り替え致します。

ISBN978-4-8115-7901-6　C1036